1分自己肯定感　一瞬でメンタルが強くなる33のメソッド

給自己按讚

1分鐘提升 自我肯定感的33個技巧

奇蹟諮商心理師 中島輝 著　藤紫 譯

推薦序

試著從簡單的小事做起，給予自己肯定

王雅涵
（FB、IG「心理師的歡樂之旅」版主、諮商心理師）

打開這本書的時候，正逢台灣疫情大爆發，作者中島輝一開頭就問了讀者一句話：「你現在的人生無往不利嗎？」以現在的環境來說，全台的人應該都不太順，有些人充滿抱怨和痛苦，有些人卻藉此享受難得的消息，開始思考自己下一步可以怎麼做。在這個上天按下停止鍵的時刻，有些人預備好往前跑了，有些人卻決定要趴下再也不動了，這到底是為什麼呢？

本書的核心概念是聚焦在建立「自我肯定感」上面，它可以幫我們培養延長「無往不利的感受和習慣」，當我們的人生想要往前進，一定要顧好三件事情：情緒、行動、觀點，作者稱之為金三角，這攸關了你會踩下行動的油門還是行動的煞車。

過去發生的一些事情，很可能會讓我們自我設限，以避免在未來遭遇失敗的時候，周遭的人會替自己貼上「無能的人」的標籤，又或者會替自己找藉口，產生負面情緒和想法而停滯不前，然而只要改變其中一個，金三角也都會互相影響，而能提升自我肯定感。

書中提到諸事不順者的法則，像是：我害怕失敗（負面情緒）、這次肯定也會失敗（負面觀點）、最好別採取任何行動（行動的煞車），但我們絕對不是平白無故就成為這樣的人，而是在很多的事件下慢慢累積的。很不巧的，我們卻會因此掉入自己的思維當中，陷入負面情緒的旋渦，成為那個你所相信的「做什麼事都不成功的人」。

你怎麼看待自己，怎麼看待周遭環境，這便會決定你未來的方向，真的限制住你往前的是你自己；反之，當你開始願意一點一點地改變的時候，你也正在累積自己成為「無往不利的人」的條件。「無往不利的人」不是做什麼都完美、都成功，而是他有很高的自我肯定感，享受著每天發生的好事，同時也在壞事中成長，並自我反思可以怎麼改變。

書中提到，六種支撐自我肯定感的感受：1自我尊重感、2自我接納感、3自我效能感、4自我信賴感、5自我決定感、6自我有用感。也就是說，你要相信自己是有價值的，接納自己好與不好的一面，相信自己擁有解決問題的能力，隨時都可以重新出發，就算遇到不好的事情，也不會輕易放棄，而是會付諸行動，相信自己是擁有決定權的，你的存在本身就有價值。

我想看到這段話，很多人會想著：「是啊，我充滿了希望，我要努力相信自己是可以的、相信自己是美好的。」但也會有人想著：「不可能，上面那段說的是別人不是我，我糟透了。」不過我相信，當你願意翻開此書，這就是你改變的開始，書中提供了許多簡單的小方法，也許每天就花一分鐘的時間，去練習、去思考、去實踐，你便是在累積你的自我肯定感，透過這些小練習，建立起三種鋼鐵思維：懂得調適情緒、多方思考，並且把行動當成實驗，你會發現，每個小成功與小成就感，就像是讓你抬起頭來往對的方向走一樣。

每天一分鐘真的能改變什麼嗎？重點不是一分鐘，而是你會開始發現，原來有好多事情可以做，隨著時間的累積，也能漸漸培養延長「無往不利的感受和習慣」，成為一個能夠和自己好好相處，好好愛自己、肯定自己、喜歡自己的人。而且你也在不斷地締造正面循環，之後便能瞬間提升自我肯定感。

最後，和大家分享書中的技巧31 善意綜效「隨機行善」，這正好是我最喜歡做的事情，也是我常常在工作中分享給人們的方法。

我們可以隨時挑選某個人，向對方表達善意，這是一種親切且正面的力量。從很簡單的跟便利商店店員說謝謝、留言給某個網紅鼓勵他、記住你每天會遇到的人叫出他們的名字和打招呼、買咖啡給同事、關心許久未見的朋友，用通訊軟體送禮物卷、甚至特地買一項東西送給你覺得有需要的人。這些行動會讓人感覺被愛，同時也會發現自己是個可以給予的人，記得對方驚訝或是感動的表情，然後肯定自己：「我原來可以給予別人祝福，讓對方感到開心。」

所以先行動吧！繼續看下去前，先發幾則訊息或是寫張卡片給你身邊的人，這便是增加自我肯定感的第一步。

推薦序

改變人生的最強方式，就是將自我肯定付諸「行動」

洪培芸
（臨床心理師、作家）

你想改變人生嗎？你渴望過好這一生嗎？答案是肯定的！不會有人搖頭。然而，奇怪的是，為什麼許多人上進、努力又勤奮，讀了千百本書，卻仍舊沒有過好這一生？書中的知識彷彿只是從他的腦袋飄過，沒有駐足，更沒有停留，更別說迎來美好幸福的人生。

這聽起來是不是讓人感到心酸，甚至是心有戚戚焉呢？

作者中島輝為什麼強調運用「一分鐘」來練習自我肯定？就是希望你不要把自我肯定的練習，想得太曠日廢時，以免提早放棄；然而，這個一分鐘也是要你專注投入，我覺得本書對自己很受用的地方是，提供撰寫各種筆記的方法。作者仔細拆解出：自我檢視、情緒數值化、幸運、憤怒、夢想實現及自我反饋……等要點，讓你明白筆記的多重用途，不同的紀錄重點能發揮不同的功效，對應不同的心理意涵。

書中尤其指出「情緒」、「觀點」、「行為」的人生金三角，也精闢地解釋了為什麼有些人能有效率地完成工作，迎來越來越多賞識及機會，讓人生品質跟著提升，也獲得眾人稱羨的掌聲。然而，有些人卻轉速緩慢，容易一蹶不振，遭逢了意外打擊後，開始每況愈下，跌至谷底後就無法再爬升。

然而，要能看穿這個運作機制，就要極度仰賴心理學當中的「後設認知」。也就是，你能夠「思考」你的「思考」，前者是動詞，後者是名詞，彷彿有另外一個你站在高處綜觀全局，還能理性檢視局中的那個你，看見當前的自己產生哪些情緒？這些情緒是如何牽引你，下一步採取哪些行動？而行動又會帶來哪些結果？是有利？還是有弊？

此外，這本書格外擊中我心的其中一段，就是「創造行動會帶來良好結果的正面循環」。身為臨床心理師也是作家的我，時常收到讀者的回饋及感謝，她們分享給我的生命經驗，都讓我深深感受到「行動會帶來更多行動，也會帶來更多機會與成果」。

人難免會遭遇打擊，情緒低落，坐困愁城，這些在所難免。可是坐在愁城裡面久了，就會一事無成。唯有開始付諸行動，即使是一小步也好，即使是一下子也很棒，持續累積就能積沙成塔，然後走出愁城，最後連人生都改變了！

還有，為什麼自我肯定的能力會是「人生破關」的關鍵？作者在書中透過Management（管理能力）、Resilience（適應能力）及Grit（貫徹能力）來說明，相當中肯及切實。

最後，也請大家牢牢記住：自我肯定不只是表面上的四個字，它緊緊地扣住，也反映出一個人能不能夠愛自己的核心。當你能夠自我肯定，你也才能尊重自己、接納自己及信賴自己，至於另外三點，請你翻閱這本書就會得到答案。

不要去找自己做不到的一百個理由，而是去思考只要付諸行動，將為你帶來多棒的成果！為什麼必須將自我肯定付諸「行動」？因為那正是你具體可見的成果，而不是無形、抽象及虛無飄渺的口號，方法你老早就知道，只是沒有開始做。

如同我在疫情期間，油然而生的深刻感觸：知識必須付諸「行動」，才能成為智慧，進而改變你的人生。讓這本好書升級你的思維，化為你的行動力。給自己按讚！因為你的行動，開始讓自己的人生變得超讚！

推薦序

建立自我肯定感，需從關照內在創傷做起

蘇予昕
（諮商心理師、《活出你的原廠設定》作者）

心理師這份工作最魔幻的地方，就是能聽到各式各樣的生命故事，有愛情失落、家庭創傷、人際衝突、生涯徬徨、工作挫折等……沒有任何一段體驗會和另一段一模一樣；但很有意思的是，當撥開層層故事、探索到心靈最深處，每個人要處理的源頭卻又極其相似——「自我價值感不足」。

這一直都是受各方關注的主題：自我價值、自信、自尊……，到底怎樣才能肯定自己？怎樣才能認定自己已經「夠好了」？或許我們長久以來都搞錯了因果關係。

我們誤以為，當獲得成就、名聲、金錢、權力或他人的愛之後，就能擁有價值；但實際的狀況是，即便你擁有了再大的成功、再響亮的名聲、再豐沛的金錢、

再無盡的權力、再深愛著你的人⋯⋯我們仍然有可能感覺空虛、匱乏與不安，隨時害怕這些美好被奪走的可能，更別說當外在條件真的消失的那一天，內在自我會有多麼破碎。

我想起當了三十年董事長的陳大哥，原以為退休是自由、享福的開始，卻逐日消沈、鬱鬱寡歡，他經常沒來由地對太太、孩子、甚至生活的一切感到生氣。在諮商的過程中，我好奇地詢問：「陳大哥，你不做董事長之後，你是誰呢？」他說他還是「爸爸」、「丈夫」、「長子」、「管委會會長」⋯⋯但當這些標籤一一撕下之後，他又是誰呢？

無預警地，我看見陳大哥泛紅的眼眶落下淚來，他說：「這是我一直在逃避的問題。」原來，陳大哥的父親也是位大老闆，無論陳大哥的功課如何優秀、事業如何飛黃騰達，他的父親永遠只回應一句：「別讓我失望。」所以陳大哥只能更努力，不斷追求更高更遠的目標，卻從來沒問過內心：「除了不讓父親失望，我還想怎麼活？」因此，陳大哥的人生，可說是從失去「外在肯定」、放下「他人評價」之後才真正開始。

慢慢地，越來越多人開始了解到，「自我價值」並非來自外在成就，而是源於你的內在感受。當我們專注於內在的療癒、清理、平衡，讓身心靈恢復它天然、原廠的狀態，你將驚喜地發現，境遇變化與他人批判對你的影響會逐漸降低，獲得豐盛與幸福也只是相應的現象而已。

而培養自我肯定力、創造自我價值感的第一步，就是練習用「中立」角度看待自己和所有境遇；作者中島輝先生在本書中提到，很多人會批判自己：「因為我○○能力不夠強，所以沒自信」，這就是以「二分法」的視角評斷，好像只有○○能力，才叫有價值。

中立的角度，如同展開「上帝視角」（這裡的上帝與宗教信仰無關，僅是試著把自己拉到一個高度之上看待萬事萬物）來看待一切事物，沒有絕對的好壞，而所有發生的事情都蘊含著功能與意義。此外，「上帝視角」讓我們的眼光更彈性、多元，就能減少無謂的抗拒，順流前行。

但我彷彿能聽見，你正在對著這本書吶喊道：「保持中立哪有那麼容易啊！情緒一來就會變得很負面，根本無法產生其他觀點。」

我深刻地明瞭，自我價值的低落並非一日之寒，裡頭必定藏有多年來累積壓抑的創傷，如果現在的你在生活中任何一個領域感到困頓、痛苦、不幸，那都是內在創傷的呼喊，希望我們能停下來，向內關照，所以自我肯定感的培養也需要花上一點時間，由內而外慢慢豐盈起來。

幸好，作者在《給自己按讚》這本書中，透過以「情緒」、「觀點」及「行動」組合而成的金三角模型，便於我們在困頓的當下找到內在施力點，迅速跳脫負面泥沼；除了原理的說明，作者也設計了很多簡單易作的「一分鐘練習」，幫助我們用實際的方法，瞬間提升精神力。這本書能讓我們從慣性的二分法批判和限制性思維中，一次次重返內在核心，真正認清我們這輩子生而為人的本質與目的，就是純然體驗當下的每一刻。

最後，也呼籲讀者們千萬不能小看「一分鐘」所帶來的巨大威力，從一分鐘轉變信念、一分鐘睡前放鬆、一分鐘身體按摩、一分鐘飲食選擇到一分鐘的隨機行善……每個微小的行動，都在調整腦神經迴路和潛意識中的自動化思維，一點一滴幫助我們破除框架，活出酣暢且毫不費力的人生！

序言

為何「僅僅一分鐘」就能締造成功？

感謝您拿起這本書。

我是擅長協助他人實現自我的心智輔導教練，名叫中島輝。

雖然這樣問有些唐突，但我想請教各位一個問題。

「你現在的人生無往不利嗎？」

說來不可思議，在這個社會上，明明處於相同的環境，卻有「行事無往不利的人」和「成就馬馬虎虎的人」。

明明兩個人能力差距看起來並不大，卻有能拿出工作成果的人，與拿不出工作成果的人。

想要改變自己而採取行動，得到滿意結果的人和雖想改變卻半途而廢的人。

腳踏實地打拚並獲得財富自由的人，以及和前者同樣年資卻存不了錢的人。

不知為何總是特別幸運的人，以及一旦不如意就怨天尤人的人。

你和對方是在同樣環境、相同條件下起步，回過神來才發現與別人的差距越來越大——仔細想想，其中的原因到底是什麼呢？

過去曾有許多自我啟發書籍提到「設定目標很重要」、「吃得苦中苦，方為人上人」、「運氣決定命運」等各式各樣的「成功關鍵」，再加上心理學家索妮亞·柳波莫斯基（Sonja Lyubomirsky）曾指出，自我滿足程度高且認為自己過得幸福的人，在事業、健康、財務、人際關係與婚姻生活的狀況都相當良好。

「能感受到自我滿足與幸福的人更容易成功」——這句話聽起來理所當然。只要工作與人際關係順利，就能對人生感到滿意了；又或是如果想對人生抱持正面心態，首先必須事業有成、擁有豐厚的收入，以及有了解自己的優秀伴侶，這究竟是雞生蛋，還是蛋生雞？這時候又產生新的疑點了。

明明有著相同的遭遇，為什麼有人會認為自己有許多貴人相助，而有人卻總是不知足呢？說得極端一點，任何人應該都不想要陷入「雖然金錢不虞匱乏，但感覺卻孤單又不安，過得相當不幸」的狀態。然而，即使擁有財富自由、社會地位相當高的人，也有不少人是過著這種日子。

著名行動經濟學家丹尼爾・康納曼（Daniel Kahneman）與獲得諾貝爾經濟學獎的安格斯・迪頓（Angus Deaton）也做出以下結論：「高收入雖然能用來評價一個人的生活水準，但無法藉此衡量其心靈健康。」

既然如此，那我們的目標就應該放在無論身處何處皆能發揮自己最大的能力、以更積極的態度工作、享受人際關係，以及做自己喜歡的事情，如願讓事業更上一層樓。

這本書的主旨是「告訴大家如何將精神力發揮到百分之兩百，順利展開行動並構築穩固人生的方法」。

用「一分鐘」提升精神力！

回到一開始的問題：「你現在的人生無往不利嗎？」

當你回顧至今的人生，對工作、人際關係、感情、財富穩定與自由、實現目標等會有什麼感受呢？

我想應該沒有人能明確回答這個問題吧。因為就算是同一個人，在不同時期、環境與精神狀態下，會有碰上無往不利或是陷入低潮的時候。或許你認為我說的道理本來就是如此，但是「受到上天眷顧，讓努力開花結果的人」和其他人確實有著明顯的感受差異。

差別在於你是否抓住了訣竅，去培養延長「正向」感受的習慣，當陷入低潮時也能迅速切換負面情緒。而且這些訣竅和「自我肯定感」的思考方式有著密切關係。

有不少人覺得最近媒體似乎很常報導所謂的「自我肯定感」，所以感到相當好奇。我在前作《活出自我肯定力：提升自信的關鍵六感，找回不怕受挫、受傷的心理實力》中，從持續性（長期性）／瞬間爆發性（短期性）兩個面向介紹如何延伸自我肯定感。其中有逐漸成長的方式，也有瞬間增加的方式，將兩種方法合併應用，就能培養自我肯定感。而本書則是提供「進化版」的方法，更能有效並迅速提升自我肯定感。

在逐漸提升自我肯定感的這段期間，我們仍然日復一日地過生活，免不了會採取行動。只要付諸行動，肯定會獲得某些成果。「有什麼樣的方法可以略過長篇大論，立刻就能直接改變自我呢？」你會有這個想法也是很自然的。

我們的生活步調如此忙碌，最有效的方法就是每天抽出「短短一分鐘」加強自我肯定感。此外，如果碰上不如意的事情，也可以在「一分鐘」迅速切換情緒，又或是即使事情搞砸了也不會耿耿於懷，並在「一分鐘」內克服挫敗的方法等。其實在短短的一分鐘內，我們能做的事情非常多。

約莫半個世紀前，在社會一路向上成長的年代，我們還能將社會的成長當成一部分自我，藉此提升自我肯定感。那時的日本變得越來越富饒，我們每個人的自我肯定感也越來越高。然而，目前我們處於想要什麼就有什麼的時代，現在並非從外在，而是從自己的內心去追尋自我肯定感。因此，只要持續不斷累積一分鐘的自我肯定感，長久下來就可以影響人生。

「用『一分鐘』就可以提升自我肯定感，真的有這麼簡單嗎？時間會不會太短了？」

有人想必會有這種疑問。但千萬不要小看這短短的一分鐘，一天二十四小時換算下來就有一千四百四十分鐘，其中假設平均睡眠時間為七小時二十分鐘，清醒時間為十六小時四十分鐘，相當於就有一千分鐘。

早上刷牙洗臉、享用早餐、整理儀容後，出門上班，抵達辦公室後開始工作，時間不知不覺就到了中午，這樣便已經過了三百分鐘。宏觀來看，「一分鐘」的重要性立刻就被凸顯出來了。

不容忽視這短短的一分鐘，因為時間遠比我們想像的還要珍貴。地球以每分鐘一千八百公里的速度旋轉。在一分鐘裡，世界上約有一億八千八百萬封電子郵件被寄出、約有兩百五十名嬰兒誕生。這並非「只是短短的一分鐘」，況且你在「短短的一分鐘」裡，真的可以做很多事。

這本書接下來介紹的方法已透過心理學、腦科學、醫學、行動科學等實驗證明，訓練心智的效果十分卓越。我精心挑選出這些技巧，無論是在我的個人經驗，或是替一萬五千名學員進行輔導與諮商，應用成效都相當顯著。

將「行動」導向「結果」的科學手法

如果你也對「自我肯定感」這個關鍵字有興趣而拿起這本書，想必你曾經有過這樣的想法吧：

「雖然我想改善做事方法，卻不曉得該從何著手。」

「一想到將來，就覺得心煩意亂。」

「我不擅長維持職場人際關係和應對客人。我是不是太過內向了？」

「明明知道比較也無濟於事，卻不自覺拿自己與周遭的人相比，而感到很焦慮。」

你發現自己遇到了某些阻礙，必須改變某些地方。市面上的勵志書籍或成功的企業家可能會告訴你說：「現在就立刻採取行動。」

但是究竟該怎麼做？因為如果能說做就做，就不會因此陷入煩惱了吧？沒錯，這需要一點小技巧。光靠毫無目的的正面思考一味魯莽往前衝也是徒勞無功。首先，我們就從創造自己的「穩固墊腳石＝自我肯定感」開始吧。

這本書的目標有三大重點：

1 瞬間提升自我肯定感，建立良好的「人生墊腳石」。

2 培養情緒低落時，能以一分鐘迅速切換的積極心態。

3 創造以行動而帶來良好結果的正面循環。

為什麼現在無往不利的人能接二連三地締造正面循環呢？成功者一定會利用本

書介紹的「一分鐘應用技巧」，每天持續練習建立「自我肯定感」，經歷反覆試錯後，創造出將失敗導向成功的循環，長期下來便會產生壓倒性的差距。

我一開始提過「幸福的人在事業、健康、財務等人生各種面向上也會獲得成功」。這正是「自我肯定感」帶來的成效。讓我們一起來探究這個祕密吧。

目錄

第二章 瞬間創造「自我肯定感」 69

第五章 行動——用「一分鐘習慣」大幅提升人生品質 213

第一章

只要「一分鐘」，就能如願改變人生

1

你和成功者的差距只有一點點

我在三十五歲以前被各式各樣的精神方面問題所擾。在那段期間，我的腦海裡不停地煩惱以下的問題。

「我明明都這麼努力了，卻達不到想要的結果。」
「雖然大家都說要抱持夢想，但我想做的事情一直在變。」
「想要維持正面思考，卻無法持之以恆。」

我深受這些煩躁的情緒折磨，一直在尋找解決方式。因此，苦惱不已的我後來自學了心理學、大腦科學、認知科學與心理療法，不斷反覆嘗試自行恢復活力的「人體實驗」，開發並實踐心理輔導的方法。

至今我替一萬五千名以上的個案進行輔導與諮詢，令人高興的是，已有百分之九十五的個案實際感受到自我成長或自我實現。在這段過程裡，我認清了一點。

有一種思維在工作、人際關係、財務、健康、戀愛結婚、教養孩子、達成目標、實現願望等各方面，大大地影響了我們的人生。無論你的煩惱持續了多少年，其實只要搞清楚這個思維，就能一瞬間從自己肩上揮之不去的沉重壓力中得到解放，明白「啊，原來是這樣子啊！」立刻拓展人生的視野。只要利用「短短的一分鐘」，就能全然改變自己。

改變的關鍵在於「自我肯定感」與「情緒、觀點、行動金三角」。

人在活著的時候，時時刻刻都依照「金三角」來行動（請見第36頁），不斷朝著人生之路邁進。而且這三項要點缺一不可，每項都是構成人生的重要因素，彼此相輔相成。

①情緒：這是你的「心情」。

成功的人會運用正面情緒↓產生正面觀點↓於是踩下「行動的油門」。

相反地，如果抱持負面情緒↓產生負面觀點↓就會踩下「行動的煞車」。

②觀點：這是指你賦予眼前發生的事「何種意義」。

一個人對事物抱持正面觀點→產生正面情緒→就會有動力踩下「行動的油門」。

而一個人對事物抱持負面觀點→產生負面情緒→就會踩下「行動的煞車」。

③行動：現在你採取的「行動」，會改變未來的可能性。

當一個人踩下「行動的油門」→產生正面情緒→對事物抱持正面觀點。

而當一個人踩下「行動的煞車」→產生負面情緒→對事物抱持負面觀點。

你周遭那些成功的人，想必都相當善巧運用「金三角」的平衡，且發揮得淋漓盡致。相反地，明明一個人已經非常努力了，做事卻總是處處碰壁，這可以說是沒有妥善運用「金三角」的結果。

當我對自己產生懷疑、迷惘的時候，見到無往不利或年紀輕輕就出人頭地的人生勝利組，就會浮現這個疑問：「為什麼這個人總是樂在其中，即使忙碌也能保持樂觀，想行動時就能立刻去做呢？」

其中的關鍵就是「自我肯定感」。自我肯定感是「通往成功的爬梯」，是一種心靈的思維（請見第73頁），與「金三角」一同運作。它能讓人對自我原本的樣貌感到滿足，提供人生存動力的源頭，而且也擔任了抱持「正面」情緒、「積極」看待事物、「讓行動踩下油門」的角色。

自我肯定感越高，「情緒、觀點、行動金三角」就能運轉得越順利，就算遇到不如意，也能馬上重新振作起來。接下來的第二章，我們再來仔細看看它有什麼樣的作用。

本書的架構分為五章：

第一章大致說明「自我肯定感」與「情緒、觀點、行動金三角」的運作模式。這裡的重點在於無論從「情緒」、「觀點」或「行動」的其中之一著手改變，都能提升自我肯定感。

第二章會仔細剖析通往自我實現爬梯的「自我肯定感」。我會介紹幾個簡單的方法，讓你明白提升自我肯定感之後的感覺。雖然在第一章也會提到一小部分，其目標就是讓「情緒、觀點、行動金三角」可以順暢運作，令爬梯更為穩固。

第三章、**第四章**與**第五章**則是實踐篇。說明金三角的「情緒」、「觀點」、「行動」是如何在生活中實踐，並提升自我肯定感，總共有能在短短一分鐘實行的三十三個技巧。

不過，在實踐之前，我希望各位能先知道三項「鋼鐵思維」。這是能牢牢守護

讓人生前進的「金三角」

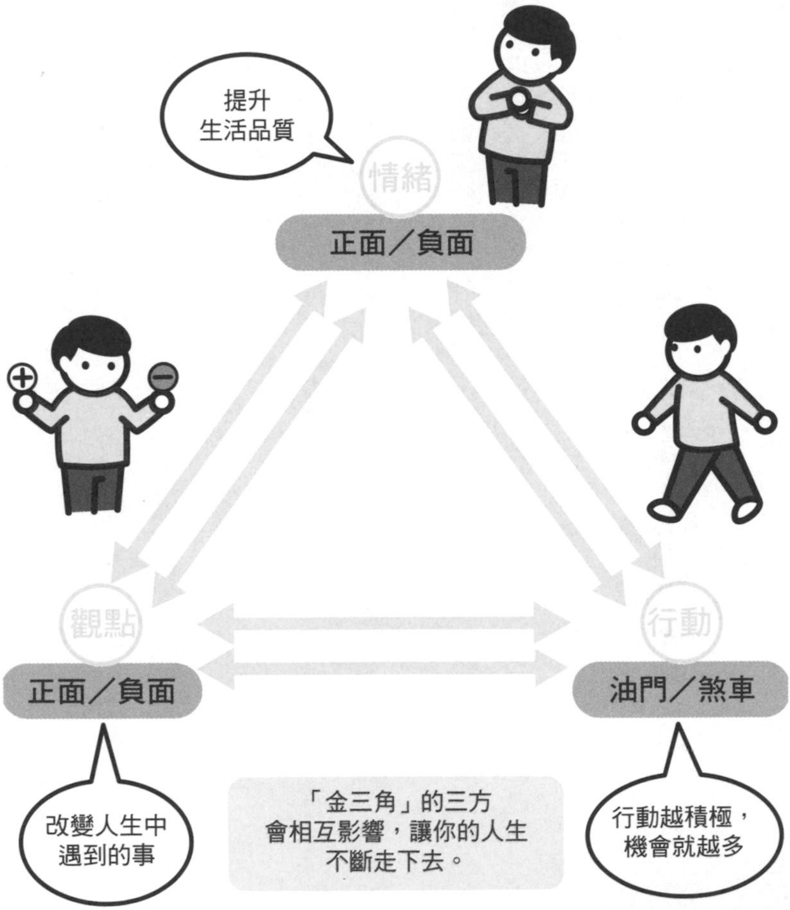
提升
生活品質
情緒
正面／負面
觀點
正面／負面
行動
油門／煞車
改變人生中
遇到的事
「金三角」的三方
會相互影響，讓你的人生
不斷走下去。
行動越積極，
機會就越多

你的心，一生都能拿來當成武器的思考方式。只要意識到這三項思維（思考迴路），不管你的人生發生任何事情，都能更輕鬆地活下去。

我在年輕時因為徬徨不安而裹足不前，覺得世上的成功人士都是「自己學不來的特別存在」。而且我還認為這些人跟自己不一樣，他們想必具備某種與生俱來的神奇力量，但後來才明白，這真是天大的誤會。

一分鐘鋼鐵思維 1

具有心理韌性的人，懂得「調適情緒」。

我們的情緒大致可以分為兩種。

- **正面情緒——喜悅、高興、愉悅、期待、感動等。**
- **負面情緒——憤怒、不滿、憂慮、悔恨、不安等。**

每天我們的心總是在正面情緒與負面情緒之間來回擺盪。這種情緒的變化，並不像開關的ON、OFF一樣，能立刻切換。負面情緒不會一下子就變成正面情緒，而是先緩慢地回到平靜狀態，才開始轉變。

應該沒有人會在碰上令人雀躍的好事時（譬如拿到了更多獎金、向喜歡的人告白並成功交往等等），接著想「好，我現在就去找那個讓人火大的傢伙，好好地向他抱怨一番」吧？

當你在搭電車通勤時碰到其他人的肩膀，忍不住想咂嘴時；或者碰上前方的車子開得慢吞吞，讓你感到不開心的時候，你在那之前便已經累積了一定程度的負面情緒。反過來說，當情緒變得正面時，即便遇到一些令人不快的事情，你可以游刃有餘地想著「嗯，算了吧」，也能去欣賞平常不會留意的天空美景，甚至可以更親切地對待他人，或是觀察到鄰居的優點。

對每個人而言，這種情緒轉變的原理都是一樣的。

不過，無往不利的人看起來總是能保持冷靜，平心靜氣對吧？他們不會感情用事，不會遷怒於其他人，還能發揮帶動周遭氣氛的溝通能力。但他們的內心並非時常如此沉著冷靜，更不是每天都只是抱持著喜悅、高興、愉悅等諸如此類的「正面情緒」過日子。

即使如此，無往不利的人之所以看起來一派從容，是因為他們明白能讓自己處於平靜狀態，以及讓情緒調適自如的技巧。

2 利用「後設認知」，掌控好情緒

另一方面，無法與自身情緒和諧相處的人則鮮少進入平靜狀態，不是處於正面情緒就是處於負面情緒。

雖然它不像開關的ＯＮ、ＯＦＦ一樣切換得很快，卻會因為瑣碎的突發事件使得情緒大起大落，無法穩定下來，就像一個人反覆進行蹲下與起立的動作一樣。

受人稱讚就眉開眼笑，被人訓斥就大受打擊，碰到久候的時刻就火冒三丈，諸事順利就喜形於色……像這樣不斷重複情緒性的反應。尤其碰上生氣、緊張、沮喪等負面情緒時，人就會失去幹勁，也無法集中注意力。結果行事越來越不順利，持續累積壓力，心想著「要打起精神」、「好好享受一下」，卻往往會採取增添壓力行動。

喝酒消愁解悶、吃垃圾食物抒壓、懶洋洋地瀏覽網頁來轉換心情……然而，這些舉動只能帶來一時的療癒效果，就算你能瞬間維持平靜狀態，但你又會對這樣的自己感到不滿，情緒再度轉向負面發展。

另一方面，那些無往不利的人心態穩重、不會有過大的情緒化反應，他們究竟是怎麼辦到的呢？我會在第四章說明具體的應用技巧，在這裡先向各位說明讓自己處於平靜狀態的情形是怎麼一回事吧。

1 自我認知力——能客觀認知自己感受到的情緒。
2 自我評價力——明白自己會如何看待事物與結果。
3 自我修正力——調整自己眼中所看見的「世界的扭曲」。
4 自我行動力——對事情採取恰當措施。

像這樣直接面對情緒的能力，在心理學稱為「後設認知」。就如同另一個自己在高處綜觀自己的情緒，並進行客觀判斷。但是「後設認知」說起來簡單，想要靈巧運用，是需要掌握一點技巧。此外，我會在本章後段說明，人類其實非常容易打開負面情緒的開關，這在心理學上稱為「認知偏誤」。

1 人容易被小事吸引注意力——老愛挑小毛病，吹毛求疵。

2 人容易執著在一件事情上——無法進行多方思考，心浮氣躁。

3 人容易被眼前的不安牽著鼻子走——無法保有充裕的時間，便會顯得更加焦慮。

不管是什麼樣的人，或多或少都具備這些特質，若能學習採取下列行動轉換心情，往往能放下心頭重擔。

1 綜觀大局，落落大方地表現出「算了啦」的態度，有時候情況反而會好轉。

2 說出「這種想法／做法也不錯！」就能減輕對方與自己的負荷。

3 「船到橋頭自然直！」表現出將希望寄託於未來的可能性。

這就是應用「後設認知」處理自己的情緒。面對事物時不受侷限、不產生執著、不被牽著鼻子走，在內心仔細觀察事態發展，你就能回到平靜狀態。

雖然也有不少人會誤解，其實「後設認知」並不是「壓抑情緒」或「讓情緒消失」。有些人認為不能把事情想得太負面，一切都要怪自己的情緒過於沉重。不過，只要善用負面情緒，就能提升我們的籌劃能力與行動力。

不過這得同時配合「化悲憤為力量」的行動。若只是隨心所欲地發洩負面情緒，原本能順利的事情也會因此受阻。反過來說也是同樣的道理。若任由喜悅、高興、愉悅等正面情緒向前衝，往往會讓一個人變得獨斷專行，或者做出讓他人傷腦筋的舉止。對自己而言雖然是「好事」，但對他人來講卻是「表現出驕傲自大的樣子」，這樣豈不是太可惜了嗎？

舉例來說，如果你利用後設認知來思考「我想把這份喜悅化為力量，為大家盡一份力，帶領整個隊伍。現在有什麼事是我能做的？」再付諸行動的話，你應該可以得到「優秀又寬容的領導者」的評價。

靠自己的方式學習後設認知的應用方法並加以實踐，好好掌控情緒——這就是本書接下來會說明的一項重要技巧。

一分鐘鋼鐵思維 2

具有心理韌性的人，能「多方思考」。

能正面看待事物，面臨失敗也不氣餒，還可以重新振作的人才有辦法出頭天——這麼想的人不在少數。

事實上，有一位企業家曾在我跌落谷底的時候非常關照我，給了我邁出步伐走向外面的力量，而他總是懷著積極樂觀的心態。

即使工作碰到麻煩，他會安慰下屬：「既然事情已經發生了，那也無可奈何。」縱然因為經濟不景氣導致市場萎靡不振，他也會表示「執著於行不通的地方也無濟於事」，反而會想辦法找出因應對策。

現在回顧起來，他是個時常保持正面心態的人。日子過得再怎麼忙碌，他一定會騰出一段能獨自思考的時間。獨處的時候，他會面對「已經發生的事情」和「行不通的地方」，從正面與負面兩種角度檢討往後該如何採取行動，並得出結論。不過，他身邊的大多數人，只曉得他自己想出來的「最終結論」。

「既然事情已經發生了，那也無可奈何。但解決問題的過程是有意義的。」

「即使煩惱下去也無濟於事。反正這次已經明白這個方法行不通，下次再試試其他方法吧。」

只要聽到他這麼說並看著他帶領大家向前邁進的姿態，自然會讓人覺得「他真是樂觀進取啊」。不過他所表現出的言行，是在心中衡量過正面與負面兩種觀點後所得出的結論。若要下定論說「那個人天生就很樂觀」，實在言之過早。

「那個人很正向所以很棒。」

「不可以有負面想法。」

社會上這種具有強烈影響力的「正面信仰」思考方式，真的是天大的誤會。按人類的特性來說，大多數的人會傾向某一方面思考，似乎也是無可奈何的事。畢竟每個人都覺得「自己很特別」。

打個比方，假設你因為一點芝麻小事與伴侶吵起架來。雙方爭執不下，彼此都無法讓步。情況演變成這樣子，你當然會對伴侶生氣，一時之間無法冷靜下來。你被負面情緒牽著鼻子走，開始另眼看待自己與伴侶之間的關係，你很可能會這麼想：「我要與這個頑固的人分手！」因為觀點與情緒會互相影響，而產生變化。

負面情緒與負面觀點之間的關聯相當密切，同理正面情緒與正面觀點也是如此。而且情緒與觀點會對你接下來採取的行動起非常大的作用。

接下來，與伴侶吵了一架的你決定聯絡意氣相投的知己好友。你對這位好友大肆抱怨對伴侶的不滿。此時，若這位知己好友特別了解你，他可能會點頭表示頗有同感，並不著痕跡地提供其他見解。

「這種事很常見啊。我之前也聽過類似的怨言呢。」

「你講的話是不是也有點過分啊？」

這時候你應該會滿臉不高興地回答：「我才沒有呢……」有這種反應非常正常。每個人都覺得自己的立場是特別的，自己的煩惱只有自己最清楚，就算親朋好友給予誠懇的建議，你在那一瞬間也會想要反駁對方。不過仔細想想，基於相同原因起爭執的夫婦與情侶到處都是，過錯只在其中一方的情況也很少見。

「對啊，又不是只有我們會這樣。」一旦察覺到這一點，就能令人冷靜下來，負面情緒也能隨之調整為平靜狀態。如此一來，你就不會以極端的觀點去看待自己與伴侶之間的關係。

但是如果你不明白人心的特性，即使朋友給予你建言，你的觀點可能依然會越來越偏向正面或負面的其中一邊。

3

以「後設觀點」綜觀思考

某天你從公司下班，在路上回想：「我今天在客戶那邊不該說出那些話。」我想只要是在工作的人，大家起碼都有過自省的經驗。

容易對事物抱持正面思考的人，可能會過於樂觀地想著：「算了，又沒關係～」完全不會反省自己；而容易負面思考的人則會越來越沉浸於負面想像：「我竟然會做出這種失敗的事，實在太沒用了。」讓自己陷入低潮裡。

另一方面，讓失敗做為成功墊腳石的人，會把失敗當成起點，採取後設認知，進一步挖掘自己看待事物的方式。一個人任憑思考自行發展，很可能會偏向正面或負面的其中一邊。因此按照下述的「內省」、「逆轉思考」、「改善措施」三步驟進行思考，對於建構後設認知會更有幫助。

①【自我反省】對自己目前感到疑惑的事情誠實提問。「為什麼？」「怎麼會這樣？」「舉例來說？」

「為什麼我會在那種場合說出那些話呢？」
「肯定是因為覺得沉默的氣氛很尷尬。」
「或許是因為對自己的溝通能力沒信心。」

↓

②【逆向思考】反過來對自省時得出的答案提問。

「沒信心這一點是不是有可能派得上用場？」
「從以前開始，自己總是比其他人更用心做事前準備。」
「上司也曾經讚美過我資料準備得很齊全。」

↓

③【改善措施】如果有下一次機會，我能做什麼「更好的準備」？

「這麼一想，這次問題出在準備得不夠充分。下次我該怎麼改進？」
「下次要將客戶的資訊調查得更詳盡。」
「如果詳細調查後再發問的話，對話就不會停頓了。」
「假設我站在希望能傾聽客戶需求的立場的話，對方肯定也會暢所欲言。」

「如果我能察覺到這一點，對溝通能力感到沒信心其實也不是壞事。」

若你能像這樣用不同角度去看待自己的弱點，思考方式就不會過度傾向正面或負面的其中一邊。

4

善巧運用「認知偏誤」，拓展看事物的不同角度

每個人或多或少會有些極端且主觀的理念，這叫做「認知偏誤」。認知偏誤是人類與生俱來的「大腦特性」。我在前面也曾稍微提過。

從眾效應——「大家一致稱讚的事，看起來就是美好的。」

掌控幻想——「就算是自己無法掌控的事情，也會認為全都是自己的錯。」

迴避極端——若提供「八千元方案、五千元方案、三千元方案」這三種選擇，許多人往往會因為畏懼失敗而選擇中間的「沒有風險的五千元」。

這些例子只是人類大腦運作中「常見現象」的一部分。

或許的確有人會認為自己才沒有這種「偏誤」（偏見），會盡可能公平冷靜地

看待事物。然而就算是再怎麼天資聰穎的人，也都不可能逃離得了「認知偏誤」。即使能輕易指出他人的「認知偏誤」，也有可能對自己正在做的事情毫無自覺。

只要明白這項人類的特性，你就能像這樣從別的角度去看待事物：「我會覺得工作忙翻天的自己好可憐，是因為人類會認為『自己是特別的』。」

也就是說，了解人類特性能幫助你拓展與深入看待事物的角度，也能更容易掌控情緒與行動。此外，去理解恐懼、哀傷、喜悅等等這些人會有的「理所當然的情緒」，也能幫助你更進一步「了解人類」。

舉個常見的例子，我們面對人群會感到緊張。無論資歷多深的藝人，一站上舞台還是會緊張。雖然人們一向認為緊張是負面的，但這是人類特質的自然反應。反過來說，不曉得這項人類特質的人會想著：「有什麼方法才能讓我不緊張？」面對人群會緊張是很自然的反應，想找出不緊張的方法並非易事。最簡單同時也是最壞的方法是採取「既然會緊張，就不去面對人群」的舉動。這也是選擇放棄讓人生變得更好的機會。

不過，無往不利的人會心想：「即使我會很緊張，卻還是能得到『好結果』的方法是什麼？」而因此想到可以事前做好詳盡的簡報，以防自己在發表時過度緊張而說不出話。明白「習慣是最好的解藥」藉此舒緩極度的緊張，並事前多進行幾次與正式上場同等規模的演說練習。將緊張忐忑的感覺當成是對接下來要做簡報的「期待反應」。你可以刻意反向解讀人類特質，調整能改變自身行動的心態。

過去曾有一齣廣受歡迎的連續劇，主角是位醫師，她有句招牌臺詞：「我，絕不失敗。」一面對任何事都不會徬徨，能當機立斷的人看起來相當耀眼，而且也會讓人覺得行動必定能帶來成果。不過這可是天大的誤會。

我尊敬的十九世紀美國思想家拉爾夫．沃爾多．愛默生（Ralph Waldo Emerson）曾經說過這句話：「人生的一切都是實驗。你做出越多嘗試，表現就會更好。」（All life is an experiment. The more experiments you make the better.）

用我們常聽見的說法來形容，即為「成功的條件是不斷行動，直到成功為止」。也就是說，做什麼事都會成功的人會持續行動直到獲得成就，而失敗的人則容易在得到成果前便半途放棄。

我先把鋼鐵思維的結論先寫在前頭，成功人士一樣會在人生中做出錯誤的抉擇，也會遭遇失敗。從小事到大事，仍會不斷地犯下失誤。即使如此，他們懂得調整方向，找出新的道路，並持續地採取行動。

一分鐘鋼鐵思維 3

具有心理韌性的人，會把行動當成「實驗」。

5 別為自己貼上「自我設限」的標籤

話雖如此，我也能深刻體會這種對自己的過失感到震驚，所以下次想要避免採取行動的心情。事實上這是人類的特性之一，這種心理機制被稱為「自我設限」。

一旦出現自我設限的行為，人會在採取行動前強調「不利於自己的條件」。這是為了避免在遭遇失敗的時候，周遭的人替自己貼上「無能的人」的標籤。你在學生時代應該遇過那種會在考試前聲稱「我根本沒念書～耶」的同學，這種舉動正是自我設限的行為。

任何人都會無意識表現出這樣的舉動。如果你在職場上會碎唸「我都沒睡～」、「這個案子是主管丟給我做的～」，請你務必留心，你可能是因為沒有自信心，才刻意說出這種話。

不光是對周遭強調，也有一種自我設限行為是對自己找藉口，那就是「因為

○○，我才辦不到。」

舉例來說，明明重要的證照考試日期就快到了，卻找藉口拖延不去好好準備：「因為同事邀我……」、「髒亂的房間讓我無法專心，所以我開始整理房間」。替自己製造障礙，將時間或體力花在毫無關聯的事情上（刻意不在重要事情上努力），如果結果不盡理想，就能把這些行為當成自我保護的理由。

不管是哪一種自我設限，都會降低行動結果的成功率。而你為了合理化自己的不順利，又會找出更多可用來對周遭強調與自我保護的理由。

想要脫離這種惡性循環，你需要明白自我設限的特性。當你察覺出現自我欺瞞、放著重要的事情不做、刻意不去盡力著手解決問題的徵兆時，就必須採取因應措施。我會在第五章說明具體的應用技巧，與其煩惱如何做出好的抉擇，更重要的是增加行動次數。

舉例來說，有一項名為「一萬小時法則」的著名研究。這是佛羅里達州立大學的心理學家安德斯・艾瑞克森（Anders Ericsson）提出的理論，不管是天資多麼聰穎的人，想要讓才能開花結果，都需要花上一萬個小時辛勤的練習。反過來說，就算一個人具備極佳的天賦，若沒有持續累積經驗，卓越的才能也不可能在一夕之間展現出來。

艾瑞克森也提到：「最終能發揮成效的並非『你知道什麼』，而是『你能做什麼』。」他指出當一個人想要學習一項新技術，至今的知識與經驗都派不上用場，最好的做法是直接採取行動。

即使對學校與講座所教的事情牢記在心，也只是把知識儲存在大腦裡，不會出現任何實際成果。各位讀完這本書後，若有任何新的啟發，請從今天開始以行動實踐它。

引用前面愛默生說過的話，「全部都是實驗」，你可以用嘗試的心情去行動。如果成功，那你就賺到了。即使失敗，也不過只是一場實驗，你不會有任何損失。

6 不要因為害怕失敗而放棄嘗試

以前我辦講座時，遇過一位M小姐。她是個用功的人，參加講座時總是坐在最前面的位置，而且非常認真地抄寫筆記。講座結束後，M小姐會來向我請教：「老師，關於這一點，您有什麼想法？」「我是這麼想的，該怎麼做才好呢？」她比任何人都還要用心吸收所學到的知識。話雖如此，當我告訴她：「妳先試試看今天教過的內容，再向我報告吧。」她卻會顯露出膽怯的一面：「我沒有信心，不曉得能不能做得到。」

其實，我在講座所教的內容只是一個契機。你要「如何實踐」教學內容，才是改變未來的重點。如果什麼也不做，狀況不會有任何改變。一旦採取行動，剛開始可能會遭遇失敗。我非常明白害怕這一點而無法行動的心態。不過就算失敗了，也不致於會發生讓你無法東山再起的大事。

在大多數情形，反倒是你會了解「啊，其實也沒什麼大不了」，因此改變自己的觀點。接下來，恐懼與徬徨的情緒就會越來越淡，而且你也增進了採取行動的自信心。

我們來細讀下列四項重點：

1「不安」與「恐懼」等情緒是一種煞車，會讓你停止行動。

2人類具有拖延行動的特性。

3你能否採取行動與如何解讀行動帶來的結果，會深切影響你的情緒與觀點。

4世上沒有「輕鬆的捷徑」，你只能不斷地採取行動。

許多人常被計畫落空（失敗）的恐懼折磨，還沒實際上場前就宣告放棄。

7 無往不利的人與諸事不順的人有何差別？

現在想必你已經能看出，讓人生所有事情無往不利的「情緒、觀點、行動」的特徵是什麼了。你有了具體印象後，我們再來探索目前你在「情緒、觀點、行動金三角」裡會有何種傾向。

本書假設了三種情形，請你看看自己比較接近A或B的形象。

情形1

這是許多書籍介紹過的「杯中水理論」。

見到杯子裡有一半的水，你會如何看待這杯水？

【A】諸事不順者的做法

・觀點／杯中的水剩得不多↓已經陷入相當緊迫的狀況。
・行動／必須節約用水↓盡量維持現狀。
・情緒／不安會喚來更多恐慌↓延後下決定的時間，走一步算一步。

【B】無往不利者的做法

・觀點／杯中的水還剩了不少↓還有很大的挑戰空間。
・行動／趁現在多增加水的份量↓尋找能更順利的做法。
・情緒／冷靜地掌握自己的情緒↓心平氣和地思考該如何解決問題。

遇到這種時候，你比較像A還是像B？

情形2

你參與工作的新專案，然而過了一個月，進度還是零。

雖然你是才剛接手銷售新產品與開發新客戶等拓展新生意的工作，但時間已經過了一個月，完全沒有拿出任何成果……

【A】諸事不順者的做法

・觀點／自己或許不適合這項工作。
・行動／在無可奈何的情形下繼續跑業務。
・情緒／並不是出於自願才接下這份工作，過得很痛苦。

【B】無往不利者的做法

・觀點／才過一個月而已，現在正要開始習慣新工作。
・行動／一面繼續跑業務，一面分析表現不佳的原因並加以改善。
・情緒／期待自己能順利談到第一筆生意。

遇到這種時候，你比較像A還是像B？

情形3

在社會人士的煩惱類型排行榜裡，名列前茅的肯定是人際關係。比方說：遇到惹人厭又愛批評的主管、搶走下屬功勞的主管、心血來潮就丟工作給下屬的主管，或是到現在還認為工時長才是美德的主管等。

假設你被調到與自己合不來的主管的部門裡……

【A】諸事不順者的做法

・觀點／不管從誰的角度來看，都是主管不對。
・行動／盡量不與主管接觸。
・情緒／擔心主管不知會在何時丟出難題，為此焦慮不安。

【B】無往不利者的做法

・觀點／雖然主管令人傷腦筋，但畢竟這是工作。
・行動／做好該做的事，乾淨俐落地完成工作。
・情緒／雖然會感到煩躁與為難，但能分開看待，適時做點別的事情轉換心情。

遇到這種時候，你比較像A還是像B？

8 負面情緒也能轉變為動力

即使你擔憂「我似乎比較像A……」也請放心，因為最重要的是你曉得自己處在何種狀態。請你再想像一下，要是自己置身同樣的情境，「情緒、觀點、行動金三角」會變成什麼樣子呢？這就是訓練「自我認知」。

實際上，正面看待事物與維持正面情緒的做法不會每次都是正確解答。舉例來說，我剛開始介紹的「杯中水理論」，一般而言是為了讓更多人知道「杯中還有一半的水」這種正面思考的重要性而廣為流傳。

然而，向世人提倡「杯中水理論」的管理學者彼得．杜拉克（Peter Drucker）的解釋卻有些不一樣。「杯子裡『裝了一半的水』與『少了一半的水』，兩者的分量是相等的。但每個人的解讀不同，所帶來的意義不一樣，因此採取的行動也會有所差異。當社會的認知從『裝了一半』變成『少了一半』時，創新的機會就此誕生。」也可以說，能創新的人會以負面看待事物的思維，比他人更早察覺「杯子還有一半是空的」。

面對「兩週後就是提交日」的工作，乍看之下抱持「還有兩週」的人心態比較正面，但也有人會因此而輕忽時間，拖到提交日的前一天才做。反過來講，認為「只剩兩週」的人會考慮最壞的可能性，規畫縝密的計畫，避免迎來不利的結果。

雖然對這樣的人而言，「只剩兩週」的心態會帶來不安與焦慮等負面情緒，但這些情緒反而會化為動力，促使人採取行動。

剛才例子所提到的【A】諸事不順者，他的螺旋式負面發展會是：

負面情緒與負面看待事物的思維交互影響的結果，讓人會變得更加不安，無法採取恰當行動。**↓踩下煞車**

但是這種螺旋可以這樣發展：

即使負面情緒與負面看待事物的思維交互影響，也能將不安化為正向動力，發揮影響力，促使人採取行動。

↓踩下油門

是什麼關鍵產生了踩下油門與踩下煞車的發展呢？

答案除了「情緒、觀點、行動金三角」，還有另一個關鍵字，那就是「自我肯定感」。

第二章

瞬間創造「自我肯定感」

1 絕對成功的三項技巧

所謂自我肯定感，也可說是一道「支撐你人生的爬梯」。

隨著每個人「如何看待與感受自己」想法的不同，爬梯的長度也會有長有短。每個人都具備這種感受，它關乎自己的價值。用一句話歸納，就是你能否認為「自己雖同時具備了長處與短處，但綜觀下來是有價值的」。

大多數人尤其會對「綜觀下來是有價值的」這部分產生誤解。自我肯定感的高低，指的並不是「因為我有○○這項長處，因此自我肯定感很高」，也不是「我的□□性格很糟糕，所以自我肯定感很低」。這種感覺是無論你有沒有長處，即使你有多糟糕，不管你是什麼模樣，你都愛著自己。我會在後面提到具體的相關應用方法，每天花一分鐘練習，便可以提升這種感受。

為什麼自我肯定感會成為「人生能否無往不利」的關鍵，是因為你學會運用以下這三種技巧。

①Management（管理能力）：自我肯定感強烈的人，就算一時之間感到不安，覺得徬徨失措而心神不定，也能立刻恢復冷靜。此外還能配合狀況，自如調控喜怒哀樂的情緒。

②Resilience（適應能力）：自我肯定感強烈的人，就算作出錯誤抉擇，採取行動後得到失敗的結果，也會將經驗化為養分，重新站起來。這種人也具備宏觀的視野，能樂觀看待逆境。

③Grit（貫徹能力）：自我肯定感強烈的人，能客觀看待事物。即使察覺到自己力有未逮，也會虛心承認，並堅信「事情總會有順利的時候」，而付諸更多行動。

這種思考模式對一般人而言或許很矛盾。畢竟現在的社會環境無法讓人從小運用這三種能力來培養自我肯定感。

從小時候開始，大人會視考卷得分高低來稱讚或斥責孩子，或是運動表現傑出的人會受到眾人尊敬。而等到出了社會就看年薪、學歷或是工作業績等，用各種指標去畫分「有成就的人」與「沒成就的人」。然而自我肯定感卻與這種指標沒有關係。這是由於自我肯定感強烈的人，整體而言對人生相當滿意，工作與生活也都過得很充實。不過，這只是「後來附加上去的事物」。

自我肯定感是不管你現在有什麼樣的短處，或者被屏除在社會一般眼光之外，還是能穩穩地支撐著你的「人生墊腳石」。將「自我肯定感」的運作方式與「情緒、觀點、行動金三角」之間的關係整合起來，就如下頁所示。

「自我肯定感」會與「情緒、觀點、行動金三角」一起支撐著你，就像爬梯一樣，讓你迎向達成目標或實現願望等等「無往不利」的結果。爬梯越穩固，你的人生就會更加穩定；爬梯越高，你就能輕鬆得到想要的事物。

「金三角」與「自我肯定感的爬梯」

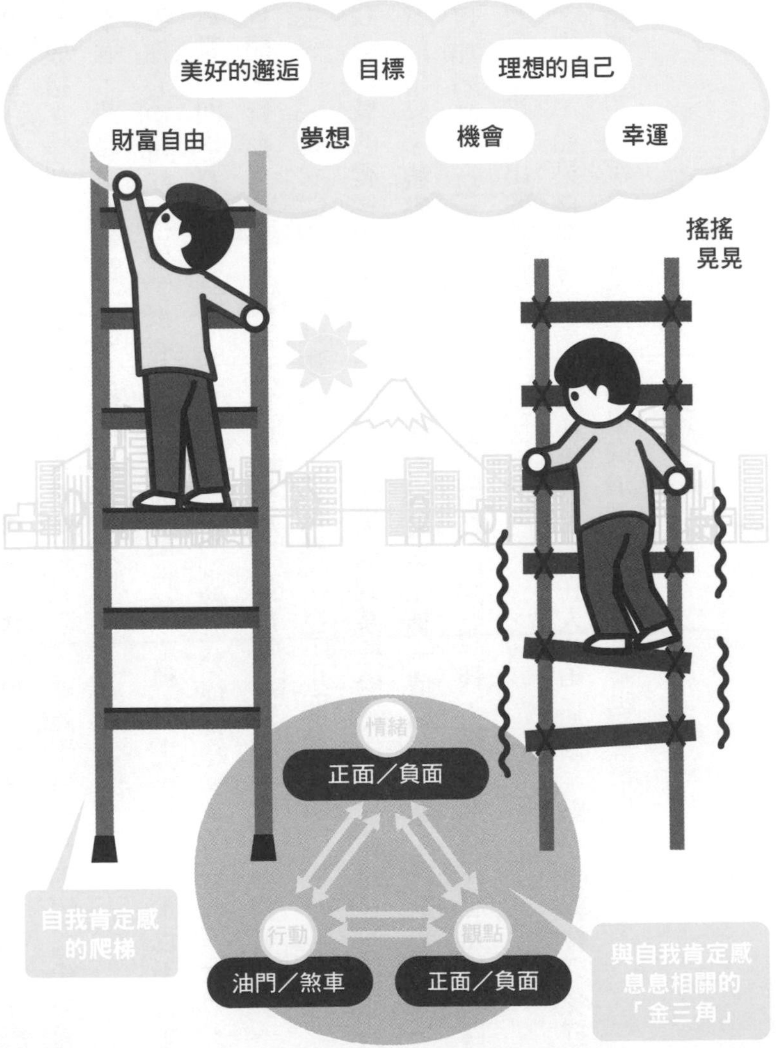

舉例來說，如果你必須去處理某件事，就算會產生負面情緒，心想：「為什麼得由我去收拾？」然而，只要你的自我肯定感夠強烈，就能用積極行動的心態去面對：「不過，跨過這道難關之後，我就多了一次經驗。」

或者你心中可能充滿「沒有幹勁」的負面情緒，擁有「就算我做了也不會順利」的觀點，而自我肯定感強烈的人會心想「先試做五分鐘就好」，開始著手行動。一旦開始行動，情緒與觀點也會產生變化，這就是人類的特性。「竟然可以一直做下去」、「這次說不定會很順利」，就這樣開啟了正面循環。

自我肯定感的爬梯變得更加穩固後，未來遇到某些場景、某種局面，你就能表現出適當的情緒、觀點以及行動。這樣的表現又能讓「情緒、觀點、行動金三角」運行得更加順暢。接下來，你能構築更高更堅固的爬梯，輕鬆邁向你想完成的目標，以及你所描繪出的美妙人生。

另一方面，如果自我肯定感的爬梯變短，你在人生中遇到一點小事就會大受打擊，心情變得更加沉重，覺得一切都很麻煩，相對地行動也會顯得很消極。

2 降低自我肯定感的兩個原因

降低自我肯定感的原因有兩個，而且彼此具有關連性。

第一個原因是被「以前發生過這種事」的經驗牽著鼻子走。尤其是失敗的經驗，會讓人留下深刻的印象。

「當時我表現得不夠好」、「之所以表現得不夠好，都是我的錯」，這些想法就是降低自我肯定感的導火線（起因）。

當你心想「我不想再重複同樣的失敗」時，你的「情緒、觀點、行動」很容易陷入悲觀的負面螺旋裡。

「害怕失敗。」（負面情緒）

「這次肯定也會失敗。」（負面觀點）

「最好別採取任何行動。」（行動的煞車）

這樣一來，你既不採取任何行動，又對老是害怕失敗的自己不滿，自我肯定感就變得越來越低迷。

第二個原因是與他人比較。

「我不像其他同事一樣，很會察言觀色。」

「每當能幹的前輩指導我做事，會發現自己沒辦法表現得與前輩一樣好，而感到很沮喪。」

「我很想效法總是笑咪咪傾聽我訴說煩惱的主管，但卻辦不到。」

「自己的表現實在不如別人」這種想法是人類的特性之一。只要運用得宜，是可以當成鼓舞自己，讓自己成長的契機。

然而，若你抱持著「我比那個人還要爛，實在太差勁了」的想法，情緒與行動會更加消極。如果你陷入這種思考陷阱，行動會顯得更畏縮，對自己與周遭也會抱持著負面情緒，如此一來就無法提升自我肯定感了。

3
一分鐘擺脫低潮的方法

那麼，該怎麼做才好呢？

請你仔細看第73頁的圖想像一下，只要「情緒、觀點、行動金三角」能相輔相成，就能提升自我肯定感。

舉例來說，假設你認為：「最近陷入低潮，不管做什麼都不順利……是不是自己太糟糕了？」此時你的自我肯定感也會跟著降低。

一旦情緒變得越來越負面，你也無法採取行動。這時候你偶然在電視上看到運動新聞的某個單元，有一位你很尊敬的運動員分享了自己陷入低潮的經驗談。即使是一個偶然的小契機，也會改變你看待事物的角度。

「這麼了不起的人也會遇到低潮。也有默默忍耐痛苦的時刻啊。」

一旦改變看待事物的角度，也會為情緒和行動帶來正面影響。

「即使處於低潮，我也可以堅持下去。」
「就算一直遇到失敗，我也不想放棄。」
只要你能這麼想，或許就可以更有耐心，不斷地付諸行動。

方法就這麼簡單。說的明白一點，你花一分鐘就能改變思考方式對吧？也就是說，當自我肯定感降低，通往達成目標的爬梯搖搖晃晃的時候，你可以藉由情緒、觀點、行動等其中一方的小小成功經驗讓狀況好轉。我想各位應該都有過類似的體驗。

接下來，我會在第三章、第四章、第五章說明具體的應用技巧，請你先在這一章記住「自我肯定感」與「情緒、觀點、行動金三角」具有相輔相成的作用。

4 無論何時都說「YES」

話說回來，自我肯定感也可說是「支撐你的重大能量」。我們之所以能相信「自己有活下去的能力，有得到幸福的價值」、「往後一定會有好事發生」、「自己有實現夢想的能力」、「擁有無數次挑戰並完成目標的能力」，是因為這些信念底下有自我肯定感的支持。

在心理學中，也有研究學者將這種高度自我肯定感狀態，定義為無論何時「都能對自己說YES」。話雖如此，能強烈影響自我肯定感的要素，大致上可分為兩種：

1 根據孩提時代與至今累積經驗的不同，有些人的自我肯定感非常高，有些人的自我肯定感顯得低迷。

2 無論堅強或軟弱的人，自我肯定感會隨著時間與場合時而提升，時而降低。

這樣聽起來，有的人可能會擔心：「就算自己成為大人，自我肯定感可能還是會很低……」請放心。不管從幾歲開始，也能靠後天培養出自我肯定感。反過來說，自我肯定感低的人長大後，仍擁有一顆體貼他人的心與關懷周遭人的能力。將你的長處留下來，明白「情緒、觀點、行動金三角」的運作模式，發展出更多自我肯定感吧。

5 維持自我肯定感的六種感受

下列「六種感受」是支撐自我肯定感的來源。每一種「感受」會交互作用，影響自我肯定感的高低。

1 自我尊重感
2 自我接納感
3 自我效能感
4 自我信賴感
5 自我決定感
6 自我有用感

1 自我尊重感

自我尊重感是認為自己有價值的感受。

當自我尊重感穩定時，人能認同並珍惜自己的個性與品行。此外，無論遇到什麼難關都能找到自己的「生存價值」與「幹勁」。

因此，自我尊重感是自我肯定感的根基，也是其他五項感受的基礎，是非常重要的力量。

2 自我接納感

自我接納感是認同自己最真實的模樣。

當自我接納感順利運作時，我們就能接受自己好的那一面與不好的那一面。

能接受自我的人，可以培養出同理他人的共感能力，受到他人的信賴與愛護。

另外，對正面與負面的自己也可以表現出「ＯＫ」的態度，而正面情緒與負面情緒都會成為你的同伴，讓你能採取下一步行動。

也就是說，可以提升「不屈不撓的心＝適應能力」。

3 自我效能感

自我效能感是認為自己辦得到的感受。

自我效能感強烈時，當你面臨問題，就能找出解決事情的最佳辦法。也就是說，它會讓你充滿勇氣，面對任何局勢都能採取行動。

只要自我效能感穩定，我們就有不斷重新站起來的力量，願意相信人生無論何時都能重新出發。

4 自我信賴感

自我信賴感是相信自己並付諸行動的感受。

當你遭受重大打擊而垂頭喪氣的時候，只要恢復自我信賴感，就不會輕言放棄，能堅持到底。而自我信賴感強烈時，你會對自己的觀點充滿自信，直覺也會越來越敏銳。

5 自我決定感

自我決定感是凡事能靠自己下決定的感受。

每天當我們張開雙眼，就面臨一連串的選擇。許多心理學研究指出，「這是我決定的！」這種「人生靠自己掌握的感覺」與幸福程度成正比。尤其是當我們能掌握人生方向，實際體會自己的確有所成長時，就能感受到幸福。

有了積極採取行動並獲得成功的經驗，之後下決定也會越來越順利，讓自我肯定感的爬梯越來越高。

6 自我有用感

自我有用感是認為自己能有所奉獻的感受。

當你有「自己能對周遭的人和社會帶來助益」的感受，就更能肯定自己。

「〇〇真是可靠。」

「交給〇〇我就放心了。」

「真慶幸能跟你結婚。」

聽到別人這麼說的時候，你的承認需求便能獲得滿足，使自我感定感隨之提升。

這樣一來，你的心情變得更穩定，也會認同周遭的人，自然會說出更多感激的話。

以上這六種感受是交互構成自我肯定感爬梯的好夥伴。如果你想要深入了解這六種感受，可以閱讀我之前的著作《活出自我肯定力》。你就能更明白這六種感受是什麼樣子。

我在最後替這一章作個總結，提升自我肯定感大致上可以獲得這四項「人生的好處」。

6

自我肯定感的四大好處

一、所見的事物會變得不同

我有一位朋友是電視台的製作人，不管多麼忙碌，他仍會以柔和的態度待人處事，向資歷尚淺的年輕工作人員下達詳盡指示，在節目現場的工作人員幾乎都很尊敬他：「那個製作人真的非常幹練。」

我在某個時候偶然瞥見他翻開行程手帳，第一頁寫了這麼一句話：

「因為是工作。」

因為是工作，所以會遇到辛苦的事情。

因為是工作，所以會碰上開心的事情。
因為是工作，所以忙得不可開交。
因為是工作，所以能獲得充實的感受。
因為是工作，所以能看出會做事與不會做事的人。
因為是工作，可以認識平常見不到的名人。
我能努力工作，是因為我喜歡工作。

他肯定把「因為是工作」這句話當成關鍵字，不管遇到好事或壞事，都能讓情緒回到平靜狀態。像他這樣善於自我認知，當狀態處於不好的時候就曉得「因為我的自我肯定感降低了，才會把一點小事當成嚴重問題看待」，所以就不容易掉進悲觀情緒、負面觀點與消極行動的螺旋——「反射性思考」（Automatic thinking）的陷阱之中。此外，在狀況良好的時候也能客觀看待：「現在我的自我肯定感很強，遇到一點小失敗也能馬上轉換情緒。」

也就是說，在任何環境下都能讓自己回到平靜狀態的人，是可以時常明白自己「目前的自我肯定感正處於何種狀態」。

還有，能說出「因為是工作，所以會遇到辛苦的事情」這句話非常重要，重點是「不要將錯全攬在自己身上」。遇到倒楣事發生，不少人容易會這麼想：「這是不是我害的？」「這是不是我的錯？」希望容易垂頭喪氣的人能特別注意這一點。

有這種傾向的人，都是責任心很強、做事井井有條的人，這些人的課題在於「把並非自己造成影響的部分，也當成自己的責任」。但真的都是自己的不好嗎？

或許只是基於偶然，自己才會處於這個立場。

或者只是碰巧發生了自己無法改變的狀況。

應該負起責任的人可能是其他人才對。

這時候能發揮魔力的咒語就是：「因為是工作。」這句話能把「自己」與「現在發生的事情」切割開來。以第73頁的圖片來說明，就是能身處於「臨高觀點、恢宏視野」，站在爬梯俯瞰周遭的情況，選擇對目前自己而言最適當的情緒、觀點與行動。

我常對客戶、學員、朋友或認識的人說：「切勿讓情緒大起大落。」

遇到好事，你可以歡欣鼓舞。

遇到壞事，你可以愁眉苦臉。

不過當你將這些歡喜或憂傷的情緒都放在心上，「情緒、觀點、行動金三角」就無法順暢運作。

一分鐘啟示！

「自我肯定感高的人」，舉例來說會是怎樣的人呢？

因獨特名言而聲名大噪的傳奇人物男公關——羅蘭（ROLAND）。他正是自我肯定感的化身。

當有人找他解決煩惱時問說：「遇到人家說我壞話，我不曉得該怎麼回應。」他如此回答。

「這世上的壞話，大部分都能用『反過來說』這句話回應。」

這句回答相當高明，一針見血。

「反過來說，你罵的人不是我，而是在罵你自己吧？」

這句話能瞬間切割對方的攻擊企圖，反過來回擊對方。

想必有許多人被批評的時候會大受打擊，久久無法忘懷吧。不過，自我肯定感高的人即使面臨突如其來的惡意，也會改變看待事物的角度。

二、對他人或自己的心思能瞭若指掌

常言道：「喜怒哀樂。」在這幾年，加利福尼亞大學柏克萊分校心理學家凱特納（Keltner）與考恩（Cowen）的研究指出，其實人類擁有二十七種情緒。

德文「Schadenfreude」是用來形容「幸災樂禍」的感受，用中文來詮釋則是「他人的不幸就是我的快樂」。這也是其中一種情緒。這樣一想，我們心中似乎還藏有許多不為人知，無法被言語形容的情緒。

其實越是深入了解情緒、越用言語去明確形容它，情緒就會更加穩定。這與我在第一章（請見第42頁）介紹過的「後設認知」有關。

反過來說，當你不能「了解」情緒，你非但無法體會「憤怒」與「憂傷」等負面情緒，也就沒辦法感受「快樂♪」、「喜悅♪」、「愉悅！」這些正面情緒。內心總是心浮氣躁、百無聊賴，當然會覺得感受不到樂趣。這種人的自我肯定感爬梯當然會搖搖晃晃。

還有，我們往往會以為周遭的人與自己一樣抱持同樣的心情。舉例來說，當自己態度慌忙，心煩意亂的時候，周遭的人的樣子好像也很心浮氣躁。反過來說，當自己遇上好事，眉開眼笑的時候，周遭的人看起來似乎也很快樂。事實上，自己的情緒與周遭的人的情緒不可能完全一致。

當然，當你對其他人發脾氣時，對方當然會不開心；而你說話時笑臉迎人，對方也會露出笑容。這是因為你的行動影響了他人的情緒。你們並非打從一開始就抱持著相同的情緒。

像人家常說：「他人就是自己的鏡子。」你讀了文章馬上就能明白「原來是這麼一回事」，現實生活裡的人際關係卻很容易因為彼此之間的情緒差異而產生衝突。尤其是情侶、朋友、同事等等，一個人與對方的關係越密切，就越容易認為「我不說出口，對方應該也明白」、「對方當然要知道我在想什麼」，充分展現出這項特性。

與親近的人之間的想法差異會為一個人帶來巨大壓力，是造成「情緒、觀點、行動金三角」動搖的原因。

自我肯定感強烈的人能察覺到自己的情緒變化。同時也不會忘記對方與自己的情緒是兩回事，彼此有各式各樣的情緒或矛盾。而且也能藉由理解細微的情緒，從中感受到自己能為社會或他人帶來貢獻。這種想法主要是自我有用感正在運作，讓「情緒、觀點、行動金三角」維持穩定狀態。

一分鐘啟示！

不習慣察覺自身情緒的人，即使能分辨善惡，例如：「愉快／不愉快」、「應該○○／不應該○○」，卻往往不清楚自己心中「喜悅／快樂／憤怒／煩躁／寂寞／憂傷」這些纖細的情緒。

如果是小時候一哭泣、吵鬧、吶喊、猶豫不決，就會被大人斥責的人，這種情形會更加明顯。他們已經習慣壓抑內心情感，最後越來越不明白如何去感受情緒。

若一個人不去感受情緒，將情緒深深藏在心底，長期下來就會演變成「憤恨」。因此，最好的辦法是不去壓抑正面情緒或負面情緒，每次盡可能地釋放出來。

自我肯定感高的人，會像這樣去了解自己與他人的內心，培育出堅定不移的核心信念。

三、具備更靈活的見解與觀點

假設你要跑一百公尺。在一片平坦且沒有障礙物的平地上，用白線於一百公尺遠的地方拉起終點線，你可以什麼都不想，就這樣跑完全程。

但如果每十公尺就設置一道欄架會怎麼樣呢？

如果沒有拉起終點線的話呢？

如果跑道像山路一樣顛簸不平呢？

我們身邊的環境總是充滿變化。如果一路平坦，我們就能順利無礙地跑到終點。但有時會有顯而易見的障礙物阻攔去路，也會出現泥濘的道路拖住我們的腳步。想要應付這種變化，就必須抱持靈活的觀點。

自我肯定感高的人，不管處於什麼樣的環境，都相信「自己辦得到」、「有完成目標的力量」。這種想法主要是自我效能感（請見第83頁）正在運作，內心充滿充實感，擁有挑戰新事物的力量。而行動成功後締造了自信心，觀點變得更加靈活有彈性，就有能力去面對環境的任何變化。

一分鐘啟示！

現今被稱為難以預測未來趨勢的「VUCA的時代」*。

當環境不斷改變，你卻覺得自己停滯不前，為了能看出趨勢走向，就得自我成長，為此你需要將重心放在「捨棄至今堅持的原則」以及「無拘無束」，這才是邁向今後成功之路的關鍵。更不用說自我肯定感是當中的重要角色。

* 譯注：VUCA即是Volatility（變動性）、Uncertainty（不確定性）、Complexity（複雜性）、Ambiguity（模糊性）的縮寫。

四、能做出最佳的行動選擇

各位在工作或生活方面有過後悔的經驗嗎？「啊，當時為什麼我怎麼會〇〇／沒有〇〇呢？」

自我肯定感降低時，靠自己決定事情的自我決定感（請見第83頁）就會變弱。這樣一來，你會越來越容易把應該由自己決定的事情交給他人主導、沒有固定的判斷基準，因而採取矛盾行動，或者做出錯誤抉擇。

打個比方，假設你想把兩張紙黏起來的時候，你不曉得該使用木工膠，或者去尋找快乾膠。這時自我肯定感高的人會說：「好，就這麼辦！」帶著自信心做出選擇，而這個行動會帶來最佳結果。換句話說，無往不利的人善於在做一件事的時候，找出生存價值與幹勁，從微小判斷所帶來的成功中得到滿足感。

當自我決定感運作得很順暢，你就能維持自信心，發揮決斷力，這一連串效應所得到的成果還能再提升自我肯定感。

一分鐘啟示！

自我肯定感降低的時候，就是深陷於過往經驗而走不出來的時刻。因為「之前發生了○○」，而覺得這次自己沒有信心能辦得到。或者是，這次不管用任何方法還是失敗的話就太丟臉了。這種想法一旦浮現，你就會強行將眼前所發生的事與人際關係、過往經驗作連結，而失去冷靜的判斷力。結果你就會悔不當初：「為什麼當初我會（沒有）○○呢？」

總之，行動後老是無法獲得成果的人，應該重新審視自己，是不是我的自我肯定感偏低？

第二章

情緒——用一分鐘堅強面對逆境的「靈活精神力」

1

放下別人的標準，活出自己的價值

從這一章開始，終於來到實踐篇。我將在這一章配合指導內容，說明自我肯定感高的人會在實際生活上利用「一分鐘」執行的應用技巧。這個章節所介紹的技巧，會特別著重「金三角」（請見第36頁）中的「情緒」部分。

有的人明明失敗了，卻能若無其事地說：「下次再加油！」而有的人卻無法從失敗中走出來，深陷懊悔、自省，以及垂頭喪氣的情緒裡。如同我在先前的章節所提到，這兩者之間的差異在於對情緒的調控能力。當情緒偏向負面時，人的自責感會越來越強烈。

「我無法回應周遭人的期待。」

「我明明應該可以有更好的表現。」

「別人辦得到的事，我卻沒辦法做到。」

像這樣跟周遭的人比較並陷入自責，因在意他人眼光而感到痛苦。這種負面思考習慣與認知上的扭曲，和塑造自我肯定感的「六種感受」有密切關聯，深深地影響我們的精神力。

自我尊重感：一旦覺得自己有價值的自我尊重感受影響，便會將芝麻小事當成判斷依據，諸事不順的時候就覺得自己毫無價值。

自我接納感：一旦認同真實自我的自我接納感朝負面方向發展，就會認為自己無法應付事情的變化，而會迎來不好的結果。

自我效能感：一旦失去認為自己做得到的自我效能感，不僅會讓人放大檢視自己的缺點與失敗，甚至還會低估本身具備的優點與自信心。

自我信賴感：一旦相信自己的自我信賴感產生動搖，一個人就會用悲觀的濾鏡去檢視自己與社會。任何事看起來都毫無希望，負面情緒自然也跟著被強化。

自我決定感：一旦能靠自己下判斷的自我決定感不夠穩固，一個人看待事物的角度便是非黑即白，只敢在有把握成功的時候才做決定。然而，自己決定的事情出了些許差錯，就會完全否決自己當初所下的決定。

自我有用感：一旦認為自己能有所助益的自我有用感朝負面方向發展，就會認為自己與他人「應該〇〇」、「必須〇〇」。態度變得具有威脅性，並將自己與他人逼入窘境。

若是「六種感受」的其中之一變得相當負面，將會大幅降低整個自我肯定感。

你能察覺反射性思考嗎？

當無法掌控負面情緒導致認知產生偏差，你該注意的是別讓自己全盤接受反射性思考的內容。反射性思考指的是無關當事人意願，只要發生某種特定事件，頭腦就會自動採取某種思考方式。舉例來說：

主管對你的工作提出一些意見指正。

⇦

你心中浮現出自責的念頭：「因為我不夠好，主管才會生氣。」

若自尊感受到影響，你的情緒像這樣開始產生動搖，出現「將芝麻小事當成判斷依據，諸事不順的時候就覺得自己毫無價值」的傾向，也就代表你用來看待現實的濾鏡已經模糊不清。

讓我們來假設你的自我效能感產生動搖，出現認為自己與其他人「應該〇〇」、「必須〇〇」的反射性思考。

自己所屬部門這期的業績下滑。

指派更多任務給表現不佳的同仁，促使對方更積極行動！

這種思考方式最危險的地方，就是未經深思熟慮就妄下判斷。然而，最重要的是你能否打開心胸去面對其他可能性，調整自己的情緒與想法。

一分鐘應用技巧 1

覺察情緒的「自我檢視筆記」

這時候「自我檢視筆記」就能派上用場。這是一種被全世界廣泛應用的認知療法，用來調整一個人的反射性思考，回顧讓自己變得更加負面的事件，將當時的內心想法一鼓作氣寫下來。

①讓你產生負面情緒的契機是什麼？

是何時發生的？

在哪裡發生的？

當時和誰在一起？

當時你在做什麼？

②當時你腦中立刻浮現的反射性思考是什麼？

檢視你寫出來的內容，試著找出這些思考阻礙了「六種感受」當中的哪些感覺，讓你看清自己容易陷入哪方面的負面情緒。

多寫幾次「自我檢視筆記」，當你清楚掌握自己有哪些傾向後，就能更輕易察覺「現在我正在進行否定性思考」。

我要再強調一次，無往不利的人並非天生遇到失敗就能立刻轉換心情，而是因為他們能察覺到自己的認知有哪裡不對勁，進而不讓自己陷入否定自我的負面思考，並重新提升自我肯定感。

一分鐘自我肯定感！

立刻切換情緒！「自我檢視筆記」

「何時？何地？和誰在一起？當時我在做什麼？」光是寫下來，就能察覺自己的「反射性思考」是什麼。

2

掌握自己的弱點

如同我在第一章所提，我們都過著在負面與正面情緒中來回擺盪的生活。而無往不利的人會讓自己處於平靜狀態，明白調控自如的方法。

了解「自己的弱點」就是其中一個方法。訣竅就是當負面情緒變得越來越強烈時，你能客觀地標示出不悅指數。如此一來，即使因為引發憤怒、不滿、憂鬱、懊悔、悲傷等負面情緒的時候感到心煩意亂，你轉而遷怒其他人的情形也會越來越少。雖然你的內心中也有「軟弱的自己」存在，但你會明白這一部分的自己不會永遠位居上風。

我遇過一位個案是四十多歲的K女士，她在學生時代曾經參加過國民體育大會籃球賽。後來她靠著堅忍不拔的行事風格在壽險業打拚，目前是獨立扶養兩個小孩的單親媽媽。K女士即使工作家庭兩頭燒，過往的生活仍然過得很順利。但她最近卻面臨了瓶頸，所以來找我諮商。

孩子們已經是高中生，她可以放下育兒的重擔。但是工作卻突然怎麼做都不順，業績也不斷往下滑。聽完她的敘述之後，我發現原因是出在她內心一直抱持著「不能原諒沒展現成果的自己」、「自己不能輸」這種完美主義的想法。

以前這種想法可以發揮正面影響力，然而碰到業績下滑的挫折，「焦躁」與「徬徨」的負面情緒會越來越強烈，自己的優點轉眼間成了弱點。越努力追求完美主義，做事就越不順，到頭來只是白費工夫而已。

這就是她的人生行為模式。聽K女士訴說自己的困境，便得知完美主義的基模不僅影響了她的工作表現，也讓她在人際關係中與他人產生摩擦。

一分鐘應用技巧 2

掌控不安的「情緒數值化筆記」

當你感到心浮氣躁的時候，請你將「情緒數值化」。

把現在的情緒與過去最生氣的時候相比，你的煩躁程度是多少？現在你對自己的未來充滿不安，但與過去最恐慌的時候相比，你的不安程度是多少？

想做出正確的後設認知的確不容易，不過我們可以用這個技巧嘗試量化具有特定性質的情緒，讓情緒可視化再加以掌控。

首先請準備好紙與筆。然後，回想「哪件事是你體驗過最負面的情緒」。把這件事帶來的負面情緒設為滿分十分，也就是你最負面的標準。接下來，寫出各種「你現在所感受到的負面情緒」，並為這些情緒標上分數。

負面情緒越來越強烈的時候，大腦內的杏仁核會過度活化，引發一個人憤怒或不安的情緒，而因此降低判斷力與決定能力。不過，腦科學的研究發現透過讓負面情緒可視化，用客觀角度去看待負面情緒，能有效抑止杏仁核過度活化。

前面提到的案例K女士，她回想起自己學生時代犯了失誤，導致團隊在重要賽事落敗這件事，並為當時的懊悔情緒標上十分。再以這個分數為基準，為目前感受到的情緒打分數。

與負面情緒保持一段距離再去了解它，你就更能掌控這種情緒。舉例來說，如果你覺得不愉快的感受強烈到可以打上八分或九分，請你暫時與造成這種感受的源頭拉開距離，就算時間只有一小時也沒關係。

如果原因出在自己覺得工作就該表現得盡善盡美，那就反過來休個長假，不去想工作的事情。假設負面情緒來自職場的人際關係，休假也能與當事人拉開物理上的距離。然後，我會建議你去充滿綠意的地方走走。光是一邊散步一邊欣賞樹木，心情就能平靜下來。這是因為腦內會分泌一種叫血清素的賀爾蒙。

等內心平靜下來，請你再做一次「情緒數值化」。此時，你抱持的負面情緒應該會下降到三分或四分。

「情緒數值化」會讓你回顧過去產生的負面情緒，當你想到「我已經度過最艱難的時刻了」，思緒就能恢復冷靜。此外，定期替自己的情緒打分數，也可以創造對這些負面情緒放手的契機。

前面提到的K女士藉由將「情感數值化」，察覺自己的弱點在於「無法認輸的完美主義」。後來當她察覺在工作上又開始累積壓力時，就能明白「我的過度完美主義又出現了」，經由實踐「情緒數值化」的步驟，培養出讓情緒可視化的習慣。

藉由這個習慣，她自問「這份工作需要如此追求完美嗎？」等整個人冷靜下來後，再用邏輯思考有沒有其他辦法能活用這份「完美基模」。這樣一來，工作與人生都會變得無往不利。

把整個負面情緒化為成長契機
「情緒數值化」

將負面情緒先寫在紙上，以客觀角度審視它的真實面貌為何？過去是否也遇過相同經驗？
與打上八分至十分的負面情緒保持時間上與物理上的距離，慢慢平復心情。

一分鐘應用技巧3

將「缺點」轉換成「優點」的行動

其實用腦科學來解釋，優點與缺點可說是「一體兩面」。就像K女士的完美主義性格能增加她的工作動力，一個人的弱點在不同的狀況與環境下，也能輕而易舉地轉換成「優點」。

舉例來說，B先生很煩惱自己不擅長與客戶進行商談。他在客戶面前介紹公司產品時，總是沒辦法帶動現場氣氛，因此吃了不少苦頭。但私底下，B先生的個性誠懇正直，為人和藹可親。他在朋友圈中，總是擔任傾聽他人說話的角色。

他來找我進行心理輔導的理由，便是希望能改變自己消極的個性。不過，我只回答B先生一句話：「你不需要改變個性。」相反地，我請B先生徹底成為一個傾聽者。「與其煩惱該如何努力改善你介紹產品的方式，我勸你還是把焦點放在詢問對方覺得哪裡傷腦筋，有沒有想要解決的問題。如此一來，你就不必擔心自己問的問題是不是很蠢了。」

B先生是個老實人，從此以後他不再刻意進行商談，改以對客戶提出疑問，從頭到尾都擔任傾聽者的角色。這對B先生來說是一種解脫。而且不可思議的是，B先生的業績也越來越亮眼了。

比起傾聽，人類更喜歡訴說。B先生的「傾聽能力」讓客戶可以暢所欲言，進而提升對他的滿意程度。這個社會有許多人爭相表達自己的看法，反而使「B先生沉穩地聆聽他人訴說的能力」顯得非常珍貴。

這個極端的例子凸顯出原以為是自身缺點的部分，其實擁有非常強大的力量。

一分鐘自我肯定感！

消除心中的疙瘩！「情緒數值化」

「這個情緒在至今的人生經驗裡可以打幾分？」用客觀角度思考，就能解決問題。

3

磨練「直覺天線」

如果你問已婚的朋友：「為什麼你會決定與這個人結婚？」而對方回答：「因為我一遇到對方就覺得『我會跟這個人結婚』。」你可能會感到納悶，認為這或許是你朋友的錯覺。

不過，你應該也有類似經驗，回顧學生時代或出社會後所認識的人，或許曾經有遇過剛見面就曉得「我跟這個人好像很合得來」的對象。

在諮商的時候，我也發現越是頂尖商業的大人物，提到「是直覺帶領自己走到今天這一步」的機率就越高。

「即使我擔任教練的資歷還不深，但有時候會直覺想著『今天的打順應該要這樣安排』或『今天該讓誰當第幾棒』。我希望自己不光只是依據資料，也要磨練感

性與直覺。」

（日本經濟新聞　侍Japan稻葉總教練專訪　主題「結」，挑戰奧運金牌　二〇二〇年一月二日）

這番話是擔任日本棒球代表隊總教練的稻葉篤紀先生所言。他強調了直覺的重要性。這種感覺也被稱為「心聲」。

直覺不僅是指結識其他人或「今天我想吃〇〇」、「我喜歡路邊櫥窗展示的那雙鞋子」這種日常生活的心動感，它也會在工作遇到下重大決定時給你指引：「雖然我仔細思考過了，卻還是被一開始看到的A方案吸引。」

不過，我們從工作與日常生活中學習了各式各樣的經驗，並了解各種成功與失敗的案例後，便常常會忽略自己的真正心聲。

「雖然我覺得這個選擇比較好……但主管似乎比較中意B方案。」

「雖然這雙鞋子美得不得了……但人家常說衝動購物不可取。」

「雖然我好像與這個人很合得來……但實在忙得不可開交，沒時間與對方培養交情。」

這些也就是所謂的成熟大人的反應。

另一方面，因為一流人士曉得直覺與心聲凝聚了一個人至今的所有經驗，因此他們才會如此強調「直覺」的重要性。

在腦科學研究中有一派說法，所謂直覺就是人下意識從大腦資料庫調出自己過去學習的事物、至今所累積的經驗而得到的答案。

舉例來說，有一項研究分析了許多張西洋棋棋譜，結果延伸出強調直覺重要性的「快棋理論」。這項理論指出，下西洋棋時「花五秒下的棋」與「花三十分鐘思考出來的棋」，有八成六是相同的。

細細思量所想出的答案與憑直覺下的決定，兩者之間並沒有多大的差別。如此一想，我們也可以說「我跟這個人好像合得來」這種心聲，是你透過至今體驗的人際關係培養出來的經驗。

一分鐘應用技巧 4

將目標視覺化的「提醒事項」

不過，當你注重直覺，傾聽心聲的時候，請務必留意一件事。那就是第一次接觸某件事或你不了解的領域時，直覺與心聲往往起不了太大的作用。

下西洋棋時，「花五秒下的棋」與「花三十分鐘思考出來的棋」之所以有八成六是相同的，是因為棋手是長時間在棋盤前認真磨練技巧，歷經無數場棋局的人。而你會認為「我跟這個人好像合得來」，是雖然你有時會煩惱人際關係，但沒有為此灰心氣餒，累積了與許多人相處的經驗而得的感應。

然而，在工作方面，直覺是無法在你不曾涉足的領域發揮效用。也就是說，在特定領域裡，你必須體會無數次的失敗與成功，遇過各式各樣的狀況，才能磨練出「專家的直覺」。

紀實文學作家麥爾坎．葛拉威爾（Malcolm Gladwell）曾說過，人類具備「薄片擷取」（Thin slicing）這種「無意識找出行為型態的技巧」，可以從完全不同的情境與行為找出共同點，靠直覺下正確判斷。因為對某件事物產生興趣、進行準備、累積經驗而成的基礎讓直覺的機制運作，讓你聽見應該豎耳傾聽的心聲，才能得到好成果。

如果你現在有希望能順利達成的目標，可以在週日晚上或週一早上把「想實現的目標」、「實現日期」與「為了實現目標，這週該做的事情」列出來，貼在常見的地方。

一分鐘自我肯定感！

鍛鍊大腦的「提醒事項」

你可以在週日晚上或週一早上列出「本週目標」，並貼出來，激發頭腦的直覺。

將目標化為清晰可見的形式，訂出確切實行的期限——這就是「提醒事項」。

光是每週持續更新未來一週的行動，大腦會對「看到X就去做Y」＝「看到清單就付諸行動實現目標」的命令產生反應。

大腦會為了達成目標開始運作，建構出興趣、準備與經驗的基礎。如此一來，你就能漸漸提升自我肯定感。

直覺在無意識間會運作得越來越順暢，你的心聲就能成為挺你的好同伴。

4

與自卑感變成好友

我在第一章提過，自己活到三十多歲還抱持著自卑感。如今雖然有許多面對人群的機會，我還是不習慣被別人拍照。因為我對自己的眼神懷著自卑感。同樣的，有個我認識的人一直覺得「自己寫的字很醜」，非常不喜歡簽名，所以刷信用卡結帳時總是感到緊張。

若你深入挖掘「會讓我感到不快的是什麼事呢？」就可以找到只有你自己才曉得的自卑情結。

每個人會感到不快的地方都不一樣，其他人可能無法輕易理解。因此，當周遭人的一句無心之言觸動我們的自卑感時，我們有可能會變得很敏感、陷入低潮、感到生氣，情緒波動比以往還來得劇烈。此外，自卑感也會與緊張、氣餒、生氣等負面情緒緊密地連結在一起。

情緒往負面方向發展時，就會變得難以掌控。你的看法會越來越悲觀，行動的品質與頻率也會隨著降低，容易陷入諸事不順的循環裡。

一分鐘應用技巧 5

迅速消除自卑的「歸類技巧」

要說社會上的成功人士是否沒有自卑感，答案是否定的。有人對運動抱持著自卑情結，就算是人人稱羨的美女，也會在乎自己臉上的瑕疵而心生埋怨。

每個人都各自抱持著不同的自卑感。不過有方法可以讓你更加了解自己的自卑感，以此掌控起伏不定的情緒。

想掌控與自卑感相連又起伏不定的情緒，確切的方法就是「向下歸類（具體化）與向上歸類（抽象化）的自我對話」。自我對話就是與自己的內心深入對談，像在自言自語一樣。

將你目前面對的課題當成「粗略且曖昧的觀點」（向上歸類），並將這個觀點加以拆解，化成更具體的概念（向下歸類）。當你向下歸類時，不要只整理出一種觀點，最好歸納出幾種不同的觀點。

現在我們來拆解以下兩個煩惱。

煩惱1 **假設你正在煩惱「只要去跑業務就感到恐慌」。**

向上歸類 你認為自己口才笨拙。

向下歸類 ①有時候與人交談到一半，會開始語無倫次。

②對方突然把話題轉到你身上，而你不曉得怎麼回答比較好時，腦袋便會一片空白。

③事先將想說的話寫在便條紙上，隨身帶著就不容易感到緊張。

對策 準備好內容豐富的簡報資料，即使口才不好也能讓對方理解資訊。

煩惱2 **對目前的工作隱約感到不安，考慮要不要轉職……**

向上歸類 想跳槽到更有前途的公司，爭取更好的薪水。

向下歸類 ①你自認無法客觀掌握自己的「優點」在哪。

②想找出自己有興趣的行業與業界。

③目標年薪三百萬元。

對策

參加週末的進修課程講座。同時與自己嚮往的業界工作的前輩見面聊一聊。

重點並非「消除」、「克服」口才笨拙的自卑感，而是直接面對自己口才不好的弱點，想辦法找出改善方式。藉由實踐這個步驟，自卑感就不再是你的負面情緒而已，還能搖身一變成為進步的原動力。

一分鐘自我肯定感！

化解自卑的「歸類技巧」

將不安情緒與自卑感拆成小細節，找到解決對策。訣竅在於盡量讓內容具體化。

當一個人遇到會引發情緒的事件，成功的人不會讓自卑感掌控自己的內心。他們會利用這裡介紹的「歸類技巧」去解決問題。

即使你面臨自己不擅長的事情，遇到觸碰內心傷痛的場景時，「歸類技巧」可以讓你的情緒穩定下來。你可以靠它漸漸掌握「無往不利的感覺」，讓你增加一次成功掌控「棘手問題」的經驗。

5 預留一個人獨處的時間

日常生活中，你有多少時間能一個人靜下來思考呢？話說，我們每天都會表現出「三種自我」。

1 與周遭人相處的自我。

2 獨處時將注意力放在外頭的自我。

3 獨處時將注意力放在內心的自我。

當你埋頭工作，和社會產生連結時，只需要重視「跟周遭人相處的自我」與「獨處時將注意力放在外頭的自我」就夠了。但如果你期望能掌控自己的情緒，我建議你可以增加「獨處時將注意力放在內心的自我」的時間。

事實上，你是不是曾讀過耐吉（Nike）、蘋果與星巴克等世界知名企業的CEO也有早起習慣的報導呢？這是由於獨處的時光能帶給我們四大好處。

1 能不在意他人眼光，冷靜與自我對話。

2 能擺脫被其他人認可的認同需求。

3 能重新認識自己的價值觀與興趣。

4 能謹慎地判斷事物，做出選擇，不會被衝動的情緒牽著鼻子走。

也就是說，不受任何人打擾的時間就是可以面對自己的獨一無二的最佳方式。

一分鐘應用技巧 6

提升自我形象的「幸運筆記習慣」

另一方面，也有人會對獨處這件事感到不安。背後的原因在於他們害怕自己無法融入團體而感到焦躁，以及畏懼他人可能會憐憫受到孤立的自己。

他們內心抱持這種恐慌的情緒，無法面對和自己相處的時間。最重要的是，你要意識到獨處「是自己的選擇」。這也是決定自我決定感有無的重要關鍵。

其實在心理學研究中也指出，如果一個人的自我決定感越高，在課業與工作的表現也會更好，並為身心帶來正面影響。如果你屬於對一人獨處會感到不安的類型，建議你進行「提升自我形象」的練習。

舉例來說，最簡單的就是將「完成的事、開心的事、幸運的事」列成清單。請你準備好紙筆，寫下這一年發生的事情。接著，再寫下「完成的事、開心的事、幸運的事」。光是這麼做，你自然就能提升自我形象，而不再害怕獨處這件事。

在你列出清單的同時，自然而然地就達到一個人獨處，面對自我內心的狀態。你可以在每天早上花一分鐘到五分鐘，或是晚上睡前進行這項練習，養成一個「小習慣」。你可以在最喜愛的手帳上預留空白處，當你查閱行程時就可以順便將清單寫上去。

一分鐘自我肯定感！

提升自信！「幸運筆記習慣」

光是把今年開心的事情寫在筆記或手帳上，一下子就能提升自我形象。

6

「做不到」？沒有理由！

「我已經是個老人了。人生一路走來，我擔心過許多事，但那些事幾乎都不曾實際發生。」這句話是家喻戶曉的童話《湯姆歷險記》作者馬克·吐溫晚年所留下的名言。

不過，社會上充斥著不平與不滿的言論，這些言論總是擔憂或推測壞事是否會發生。坐在居酒屋一隅，身穿西裝的上班族。他們的談論話題是不滿主管不認同自己、擔憂公司今後的發展，以及批評目前經手的企劃進行得很不順利。這些都是很常見的吐苦水內容。

心理學家丹尼爾·康納曼（Daniel Kahneman）曾指出人類的注意力往往集中在壞事上，恐懼擔憂會成真。「損失對情緒帶來的負面影響，是利益對情緒帶來的正面影響的兩倍。」

當我們懷著負面情緒抱怨各式各樣的事物，這樣其實很容易讓我們一整天都將注意力放在事物不好的那一面以及討厭的事情上。在這種情境下吐露的「否定句」會帶給大腦強烈影響。

「我無法認同公司的方針，真的是**做不下去**了。」
「主管不了解我的苦心，我覺得**失去幹勁**了。」
「這個企劃的發展方向**跟不上時代**。」

即使這不是真心話，但在耳朵一遍又一遍地聽到否定句後，情緒就會變得越來越負面。一旦你面對其他事物，甚至會先找出「做不到的理由」。

一分鐘應用技巧 7

不知不覺實現夢想的「未來時光機」

反過來說，採取行動帶來成果的人們會自動與擔憂、推測的負面言論保持距離。他們不會將目光焦點放在無謂的擔憂、沒有意義的抱怨，或是即使發脾氣也無法解悶的不滿情緒上。

當然，他們當然不可能沒有不平與不滿的情緒，也並非不在乎事物不好的那一面。只是他們會把眼光放遠，避免自己的情緒越來越負面。

「未來時光機」可以幫助你有效拓展眼界。假設你眼前有一臺會在電影或動畫裡出現的時光機。想像你搭上時光機，去找未來某一天的自己。可以的話，請將目的地設定為五年後或十年後的未來。

如果你是大學生，就去找已經累積好幾年社會經驗的自己、邁入三十多歲或四十多歲事業黃金期的自己，或是已經在過快樂退休生活的自己。

如果你是課長，就去找成功當上CEO，在公司大展長才，事業版圖遍布全球的自己。

到了那時候，你會是什麼樣子？在你周遭有什麼？你會和誰在一起？你會為了哪些事努力？你會對眼前這個過去的自己說出什麼話？請你仔細想像，未來的你已經成為人生前輩，這個前輩會對現在的你說出何種具體建言？

心理諮商時常會用到「未來時光機」這個方法。讓現在的你擁有從未來看待現在的印象，你的眼界也會跟著改變。就算現在你過得非常痛苦，一旦轉換視角，你會覺得目前只是在過渡時期而已。

透過「未來時光機」，你就能和十年後、二十年後的自己對話，很多時候原本你認為「不想做的事情」也會變成「還是嘗試看看好了」，進而願意採取行動。

就算你對現狀擁有諸多不滿，

一分鐘自我肯定感！

拓展眼界的「未來時光機」

請你想像「十年後的自己」會是什麼模樣。想要提升自我肯定感，未來的你會給予現在的自己什麼建議？

只要稍微改變一下觀點，就能看到完全不同的世界。

如果你現在感到灰心氣餒，不妨看看運用這份技巧。只要一瞬間你就能轉換成正面思考，提升自我肯定感。

讓「未來的自己」對「現在的自己」提問
「未來時光機」

未來的你會對現在的你說什麼？

時間點	這時的自己	對現在的自己提問
十年後的你 	實現外派的夢想。 	趁現在好好努力，你就能去海外工作。為了實現目標，你會為工作付出何種努力？
十五年後的你 	開公司當老闆。 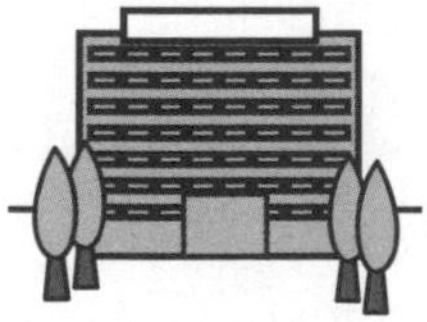	著手進行開公司的準備。你覺得要當總經理，目前還有哪些不足之處？是商業戰略？人脈？會計知識？
四十年後的你 	退休後去旅行。 	你已經不受束縛，可以自由自在地環遊世界。為了這個目標，你覺得自己現在每個月應該存多少錢？

7 不急不躁，深思熟慮

你看到這個標題時，可能會覺得它與前面提到的「快棋理論」（請見第115頁）相互矛盾。

為什麼我在前面推薦你要仔細傾聽「直覺」與「心聲」，現在又叫你要「深思熟慮」，到底哪一邊才是正確的？我先說結論：「兩邊都是正確的！」

在這邊舉一個例子。相信各位都曾用過「Post-it 便條紙」取代閱讀用的書籤，或是寫下簡短訊息留給同事。

雖然市面上有許多類似產品，不過美國３Ｍ公司才是便條紙的創始者。這間製造商主要從事開發與研究強力黏著劑，是業績持續成長的公司。不過在試作新產品的過程裡，他們偶然開發出黏著力相當弱的產品，雖然它能貼在各種東西上，但很快就會掉下來。就黏著劑產品而言，這是一個失敗的作品。但是參與試作的研究者傾聽了自己內心的聲音：「雖然黏著性這麼弱，但應該可以應用在其他地方。」然而，他還想不到這項產品的具體用途，因此他將樣品分送給公司同仁，一起尋找其他運用方式。他沒有立刻決定放棄這項產品，而是花時間慢慢思考。

五年後，某位研究同仁上教會時發現，書籤從聖歌本上掉了下來，再次靈光一閃：「只要使用那種黏著劑，或許可以做出不會掉落的書籤。」之後過了三年，Post-it才正式上市。從直覺到思量，不斷重複這個過程，世界知名的產品就這樣誕生了。

直覺認為黏著劑的失敗品能運用在其他地方的研究者，和看到書籤從聖歌本上掉了下來而想到新用途的那位同仁，他們都先讓思考沉澱下來緩緩發酵，等到直覺發揮作用。微不足道的小點子，最終成為了不起的發明。

前面介紹過的心理學家康納曼，他將「直覺」與「思量」的結構命名為「快思慢想」。根據康納曼的理論，人類大腦可分成直覺型的「快速思考」（系統一）與理論型的「刻意思考」（系統二）這兩種。

一旦你太過依賴直覺，邏輯性就會跟著變遲鈍，讓你過度自信；如果你太過注重理論，卻無法立即付諸行動，反而會錯失良機。

一分鐘應用技巧 8

工作能幹的人的「腦內會議」

「覺得可行，就立即著手行動。」
「不要想，去做就對了。」
「欲速則不達。」
「先好好睡一覺，頭腦就會浮現好點子。」

社會上廣泛流傳直覺思考與刻意思考這兩種大相逕庭的建議。不過就像我在這一節開頭所述，究竟哪一方才正確，並沒有絕對的答案。

我想各位也有過以下經驗，你在淋浴或是到外頭散步時，會突然靈光乍現，彷彿是種直覺。這是當你從工作與雜事抽身，讓頭腦沉澱下來後，無意識地進行思量時所得的結果。

腦科學稱這種現象為「預設模式網路」（Default Mode Network，簡稱DMN）。這是當人的大腦什麼事也不做，放下注意力時才會活躍的迴路。

當這條迴路開始運作時，沉睡在大腦中的其他無關資訊與片段創意會產生意外的連結。這就是頭腦變得更有創造性的瞬間。由此可知，獨處的時間能為頭腦帶來滋養，引發更多創意。

這裡給予你一項建議，「請刻意空出一段能放下注意力的時間」。無論我們願不願意，每天都會接觸到龐大的資訊。根據美國進行的一項生產力調查，一般上班族每天工作中，有八成以上的時間是用來使用社群網路、聊天室、電子郵件，以及開會。就算離開辦公室，智慧型手機與電視仍然不斷提供新的資訊，有越來越多人無法空出時間來深思熟慮。

「快棋理論」之所以會有效，是因為那些人累積了大量思考所得出的直覺反應。像是可以快速做出決定的能幹者和容易想出新創意的人，會在一天中空出一段能仔細整理思考的「深思熟慮時間」。

建議你可以空出一段時間進行「腦內會議」。當一天行程結束後，找個時間讓自己慢慢思考。

你可以按照當天的心情來決定思考主題。

在緊湊匆忙的日子裡，一直放著沒做的事情。

必須做出決定的事情。

企劃專案在這一週開始進行新的工作規畫。

進行「腦內會議」時，你可以泡澡泡得比平常更久一點，或是回家途中順道去散散步，有或是一邊聽喜歡的音樂一邊健身。

只要找出一段短短的時間就行，請你培養出與自己靜靜獨處的習慣。光是這樣，你的頭腦就會發揮源源不絕的創意。

一分鐘自我肯定感！

激盪出好點子的「腦內會議」（MTG）

想喚醒腦中沉睡的創意，就趁早起、通勤或淋浴時花一分鐘開個腦內會議，培養傾聽心聲的習慣。

8

好好處理憤怒

憤怒會帶給人傷害。若一個人隨便發洩憤怒情緒，對他人破口大罵，或是出言痛斥，彼此的關係肯定會在某一天結束。每個人都曉得這一點，所以有很多人認為自己生氣也不會對別人大吼大叫。不過，我想在這裡點出高明的「生氣方式」。

等後輩好好反省自己以前，把對方當成空氣。
降低工作效率，藉此給主管一點顏色瞧瞧。
因為彼此是家人，就算沒說出口，對方應該也明白。
我們明明是夫婦，為什麼對方總是察覺不出我的想法？

針對周遭惹怒自己的人，將「憤怒」的情緒化為負面行動或焦慮舉止，稱為

「被動攻擊」（Passive aggressive），這種做法會漸漸破壞人際關係。當一個人基於某些源由無法直接表現出憤怒情緒，就會以迂迴的態度攻擊對方，採取無視、消極怠工、妨礙與拖延行為、嘲諷等手段，令對方感到困擾。

舉例來說，小孩子被父母斥責後鬧彆扭不肯開口說話、拒絕吃煮好的晚餐，或者關在自己的房間不願意出來之類。阿爾弗雷德・阿德勒（Alfred Adler）將這種心理稱為「負面關注」。

「一個人做對的事情卻沒受到關注，就會試圖吸引『負面關注』，但我們不該為讓人生變得更悲慘的事情而努力。」由此可知，一個人如果長期得不到「讚美」、「認同」等「正面關注」，就會想要引起「負面關注」。

以前曾經有一名來找我諮商的個案，十分苦惱地表示「自己有一位總是滿臉不高興、個性急躁的下屬，他把東西放到桌面上時老是刻意發出響亮碰撞聲響」。這種行為就是期望得到其他人的負面關注。

這樣的人雖然並沒有將怒氣全部表達出來，不過他藉由憤怒情緒所引發的動作尋求周遭的人的同情與安慰，而大家看到他卻會覺得侷促不安，因此只能小心翼翼地對待他。這種生氣方式相當幼稚，就像小朋友一樣。但有許多人會無意識做出這種行為。

一分鐘應用技巧 9

情緒垃圾就丟在自己才看得到的「憤怒情緒筆記」裡

如果自己突然想到某件事而感到不爽時，一旦你有這種想法，請把它寫進「憤怒情緒筆記」裡。我要再強調一次，有許多人會不知不覺間做出被動攻擊的行為。

若是你覺得「今天我好像有點不對勁？」請你回顧一下自己的憤怒情緒與所採取的行動。然後在「憤怒情緒筆記」寫下感到憤怒的日期、內容、原因（契機），以及自己為此採取何種行動。

藉由寫下憤怒情緒筆記，你可以回顧與憤怒情緒相處一整天的自己，就能發現自己試圖引起負面關注的壞處。

然後請別再用不當的態度去發洩自己的情緒，而是找出適當的方式，以適當的用字冷靜地告訴對方自己有什麼樣的想法。因為想平息散發出來的怒氣，終究也只能靠自己解決。

一分鐘自我肯定感！

你的心情垃圾桶「憤怒情緒筆記」

別在內心累積無法向對方宣洩的痛苦「怒氣」，當天就寫在筆記上，好好向怒氣道別。

9 跟你不合的人說 Bye Bye

我不能原諒那個人……

雖然事過境遷，現在回想起來還是很火大……

任何人都有過這種深深怨恨他人的情緒。

你怨恨的對象可能是小時候開始關係就處不好的父母、已經分手的戀人、職權騷擾你的上司，或者是狠狠背叛了你的舊識。然而，怨恨某個特定對象，無法原諒對方，也可以說是你被那個人束縛了。

放不下怨恨、無法原諒對方＝「處於對方的掌控之下」。這就像你對某個人單相思一樣，一整天都在想著那個可恨的傢伙，仔細想想，這不是很令人傻眼嗎？

我曾遇過一位女性個案，她提到了下列經驗。

在美容業工作的E小姐對總是蠻不講理的同事感到非常生氣。這位同事毫無來由地無視E小姐，暗地散布謠言，甚至故意不告訴E小姐開會內容，妨礙E小姐工作。但E小姐不曉得原因究竟是什麼，因此找不出解決辦法。E小姐猜想如果自己積極地找那位同事聊天，狀況說不定會好轉，結果同事依然無視E小姐，她因而累積許多壓力。既然如此，E小姐決定也跟著無視那位同事。但那位同事在她心中的存在感越來越重，反而醞釀出更多怨恨與無法諒解的負面情緒。

後來，E小姐找上許久未見面的學姊商量煩惱，學姊建議她：「你可以在心中對討厭的人說：『請多保重，Bye Bye。』如果我遇到相處很不愉快的人，就會在心中這麼想。」這的確是個脫離「怨恨」與「憤怒」掌控的好辦法，而且這和今後是否會與討厭的人碰面互動是兩回事。

對討厭的人說「請多保重，Bye Bye」可以讓你不再在乎這個人，心靈變得更加自由。也就是說，會讓你徹底放下負面情緒。

一分鐘應用技巧 10

對人際關係有自信的「REACH寬恕法」

心理學中也有選擇原諒與放手的方法，是由美國心理學家埃弗雷特・沃辛頓（Everett Worthington）提倡的「REACH寬恕法」。

REACH指的是Recall（回想）、Empathize（同理）、Altruistic Gift（利他）、Commit（承諾、放下）與Hold（堅持），每個步驟的第一個字母合起來就是REACH。

現在，請你準備好紙與筆。

步驟一：Recall（回想）

回想你是從何時開始感到怨恨，而無法諒解對方。這個步驟的重點不在責備受到這種對待的自己，也不是埋怨對方，而是客觀地寫出當時發生過什麼事。同時，也寫下當時你懷有什麼樣的情緒。

步驟二：Empathize（同理）

為什麼對方會表現出傷害你的言行舉止？試著站在對方的角度想像，把可能的理由寫下來。不管你有沒有犯錯，對於會攻擊他人的人而言，這些事都不重要。

步驟三：Altruistic Gift（利他）

先別去想現在你與這個人之間的關係，而是將焦點放在回想你曾經傷害過誰。寫下對方原諒你時，你當時的心情又是如何。藉由這個步驟，你將明白寬恕他人這件事能為自己與他人帶來精神上的利益（禮物）。

步驟四：Commit（寬恕、放下）

如同「對討厭的人說請多保重，Bye Bye」這句話，寬恕你怨恨且不願饒恕的對象，並選擇放下。回顧你在步驟一與步驟二寫下的內容，你應該能察覺自己再怎麼執著於討厭的對象，都是沒有意義的。

寬恕對方那種對你無視的態度，放下你心中的負面情緒吧。

步驟五：Hold（堅持）

即使你選擇寬恕與放下，對方可能還是不會改變惹人厭的態度。或許你會再次浮現焦躁、憎恨與憤怒的情緒。

不過，要請你耐心地重複步驟一到步驟四，面對自己的負面情緒。這並非是要讓你討厭的人從眼前消失，也不是將你討厭的人從記憶裡抹去。**「REACH寬恕法」的目的是讓你今後遇到類似的人時，改變自己的反應。**

順帶一提，有一項實驗是研究人們受憎恨與憤怒情緒掌控的狀態，與選擇寬恕並放下後的狀態有何區別。

寬恕與放下的感受能舒緩壓力帶來的症狀，降低血壓，提升免疫力，還可以改善睡眠品質。這代表寬恕與放下的確能提升心靈與身體健康。

如果你放下後，某一天又出現了憎恨與無法諒解的情緒，請你試著這樣問問自己。

「一直執著下去能讓我幸福嗎？」

「持續受到負面情緒掌控的狀態是我想要的樣子嗎？」

光是這麼做，你就能放下心中的大石頭。這個方法一開始大概會花上十分鐘，等你多做幾次，熟悉步驟之後，花一分鐘就能完成。

若因為別人的態度不符合自己的期望而降低自我肯定感，這樣實在太可惜了。請你一個接一個地消化這些執著，培養向前邁進的習慣。

一分鐘自我肯定感！

有效改善人際關係的「REACH寬恕法」

「執著於討厭的人，我會幸福嗎？」一說出「請多保重，Bye Bye」，乾脆放下，持續前進。

爽快地解決人際煩惱「REACH寬恕法」

挑出你耿耿於懷的事情，或讓你煩躁的人

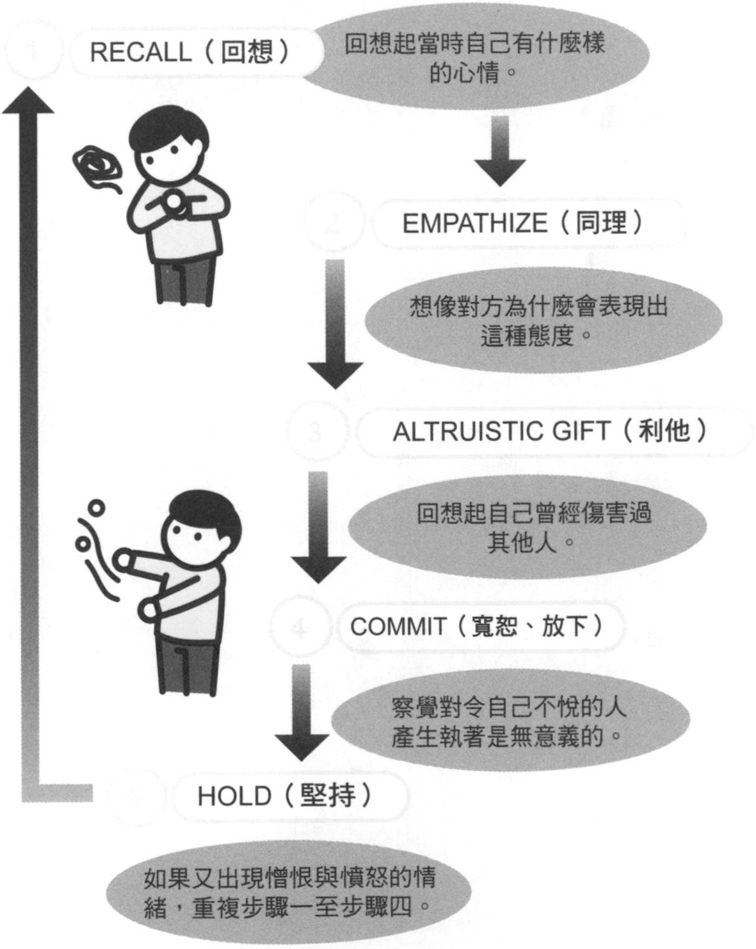
RECALL（回想）
回想起當時自己有什麼樣的心情。
EMPATHIZE（同理）
想像對方為什麼會表現出這種態度。
ALTRUISTIC GIFT（利他）
回想起自己曾經傷害過其他人。
COMMIT（寬恕、放下）
察覺對令自己不悅的人產生執著是無意義的。
HOLD（堅持）
如果又出現憎恨與憤怒的情緒，重複步驟一至步驟四。

10

做自己最強的搭檔

想要輕鬆掌控自己的情緒，有一項不可或缺的要素。那就是接受你自己。

人會特別憧憬擁有特殊才華的人。你最喜歡的藝人，你尊敬的運動家，展現出自己無法企及的優秀成果的企業家……你或許會覺得與這些了不起的人相比，自己實在是俗不可耐。

從今天開始，請你別再拿自己與其他人比較，而陷入灰心氣餒的情緒裡，這是一種自我虐待。

舉例來說，你會對朋友或家人說出「你真是個庸俗無聊的傢伙。社會上有那麼多成功人士，相較之下你活著有什麼意義？」這種傷人的話嗎？如果有人會面對面說出這番話，那他就是在謾罵。然而，卻有不少人能泰然自若地用尖銳的話語來批評「自己」。

無往不利的人之所以能情緒穩定，是因為他們喜歡平凡的自己。他們不會拿自己與其他人比較，而是藉由與過去、現在、未來的自己對話，一步一腳印地成長。

若你會想著「我跟那個人不一樣」、「我沒有天賦……」、「我沒辦法像那個人一樣拚命努力」，拿自己與其他人相比而感到挫敗是非常沒有意義的。

更重要的是，你得重新找到自己的價值，就算是多麼小的事情也沒關係，請你肯定自己至今完成和達成的事情。

不過，令人意外的是，有許多人不曉得自己的長處是什麼。畢竟大家會認為自己能做到這種事是「理所當然的」。因此，當你反過來看其他人會心想：「這麼簡單的事情怎麼會辦不到」的時候，代表這件事就是你的「特技」，或者你可以直接詢問周遭的人：「我有哪些強項？」你可能會得到出乎意料的答案。

在某間公司任職的T先生，對下屬做報告慢吞吞的速度感到非常不耐煩。他自己來做只要花一個小時就能完成，下屬卻拖拖拉拉地花上三天的時間。不過，若T先生想下結論說「那個下屬很沒用」，那就言之過早了。因此，我們可以認為是「T先生做報告的功力相當了得」。與其責備下屬表現不佳，T先生更應該肯定自己的高效率。

一分鐘應用技巧 11

提升自我價值的「人生設計圖」

如果你是會不自覺拿自己與其他人比較，而使情緒大起大落的人，請將「人生設計圖」這項練習養成習慣。內容就是寫出自己至今的「年表」。

1 在紙上畫出一條粗線，標出自己從剛出生到現在的年齡。

2 寫出你想到的內容。在右邊寫「永生難忘的好事／情況好轉的契機」，在左邊寫「永生難忘的壞事／過去的痛苦回憶」。

3 在每個事件旁邊標注「當你最快樂的時候，在身邊陪伴著你的人」，或是「當你痛苦的時候，在身邊為你打氣的人」，這些人可以是你的家人、朋友或認識的人。

看著這份年表，你會發現其實有許多人支持你、陪伴你，認同你的價值。即使這些人並不多，應該還是有為你帶來巨大的影響的人。此外，你也會知道人生有起有落，不是每天都能過得順心愉快。即使如此，你還是一步一腳印地走到了今天。你應該要對這個事實引以為傲。

當你覺得無精打采的時候，請回顧這份「人生設計圖」，它能發揮出你無法察覺的「人生鏡子」（內省）功效。

發現身邊有人陪伴，能對你的人際關係帶來正面影響。以客觀角度俯瞰過去，可以成為積極行動的契機，自然而然地提升自我肯定感。

這份「人生設計圖」的主角就是「你自己」。今後也請你擔任自己的「最強搭檔」，繼續創造設計圖的新篇章。

一分鐘自我肯定感！

設計你專屬的「人生設計圖」

請回想看看至今發現你蘊含的價值，以及默默或直接支持你的人是誰？

察覺自我價值的「人生設計圖」

重新審視至今人生所遇到的「事件」與當時「在身旁陪伴你的人」。

左邊
「永生難忘的壞事／過去的痛苦回憶」
「痛苦的時候，在身邊為你打氣的人」

右邊
「永生難忘的好事／情況好轉的契機」
「最快樂的時候，在身邊陪伴著你的人」

我的出生

5歲

- 個性怕生，無法融入班級。
- 有人向我搭話，後來變成摯友。

10歲

- 社團比賽獲得勝利！
- 一起努力的隊員。

15歲

- 大學考試沒能考上第一志願。
- 班導直到最後都在鼓勵著我。
- 一起奮鬥的升學補習班同學。

20歲

- 在職場上遇到好主管與好前輩。
- 有領導力的主管。
- 前輩很會照顧人，就像自己的哥哥一樣。

25歲

- 出乎意料的職務調動。
- 傾聽我訴說煩惱的朋友。
- 深受失戀打擊，交往三年的女友甩了我。
- 陷入低潮的時候，朋友帶我出去玩。

30歲

- 結婚！
- 就算彼此很忙也能互相支持的伴侶。
- 關懷自己的家人。

35歲

第四章

觀點——
用一分鐘正面看待事物

1

培養「抓住幸運」的能力

各位聽過「Serendipity」這個詞嗎？

這個詞的意思是「碰上某個機緣而抓住幸運」，或「接連的偶然讓人迎來意料之外的幸運」。

根據我的臨床資料顯示，與自我肯定感低的人相比，自我肯定感高的人「受幸運之神眷顧」的機會高達四倍到五倍。

「突然出現了一個很棒的機會。」
「在嚴峻的情況下有同伴伸出了援手。」
「在這個千載難逢的時機，簽下一筆大合約。」

如果有個案問我：「我該怎麼做才能受幸運眷顧？」我只會給予一項建議。那就是：「請你記得『現在開始馬上行動』。」

自我肯定感高的人不會坐著等待幸運降臨。他們因為具備了行動力與正面積極的心態，才能促成機緣出現。因此，我要在這裡說明讓機緣順利運作的三大重點。

①立刻展開行動，是增加察覺機運的關鍵。

話說回來，我們身邊總是環繞著機會。每個人或多或少都會碰上好運氣。對當事人來說這是否屬於幸運，差別就在於「你是否能察覺機運已經來到自己身邊」。

舉例來說，自我肯定感高的人，會比一般人更容易察覺「好運」的到來。當你增加行動的次數，藉此認識更多人之後，你就更容易發現「啊，就是這個人。我跟這個人共事肯定會成功」的感覺，或者周遭的人帶來新消息，問你「現在有一個機會，內容大概是這樣，不曉得你有沒有興趣？」你一聽就能判斷自己該不該接下來。

這跟第二點也有關連，你能輕易嗅出幸運的機會，憑直覺選擇正確解答。

②想要察覺好運並展開行動，需要磨練直覺。

我在第三章也提過，持續累積你的經歷與興趣，就能成為直覺的基礎。行動後得到的體悟，學會的經驗，以及吸收到的新技術。將這些知識不斷累積起來，就是專屬於你的資料庫。

話說回來，如果資料庫的內容不夠豐富（匯入），你就無法運用直覺引導出答案（匯出）。想達成這一點，你必須「立刻展開行動」。

③鍛鍊期盼與等待幸運降臨的能力。

我們總是會期盼著「這一刻真想借助幸運的力量」。但是你的注意力若老是放在固定的地點與時間，很容易錯失在其他絕佳時間點到來的機緣。

最重要的是保持游刃有餘的心態。當你忙到想不起自己除了工作以外還做過什麼事，你就無法去關心其他事物。而好運也是一樣的道理。

盡量去做一些會讓你感到開心的事，保持餘裕與好奇心，多多觀察周遭事物。假使你覺得自己真的錯失了良機，就想「算了，下次一定還有其他機會」，別將這件事一直放在心上。這種期盼與等待幸運降臨的能力相當重要。

一分鐘應用技巧 12

「寫下三件好事」，讓好運站在你這一邊

我曾遇過一位男性個案，他苦惱著自己無法對工作保持自信心，於是我推薦他嘗試「寫下三件好事」。這方法能發現「自己還有其他辦得到的事」，而能提升自我肯定感。

做法非常簡單。請你在一天結束後或是能放鬆的時間，寫下三件「當天發生的好事」。寫在筆記上的效果最好，不過你也可以利用智慧型手機的備忘錄功能，或在社群網站發表文章。即使寫下類似的芝麻小事也沒關係。

「我比平常還要早起，看到天氣萬里無雲，心情非常好。」

「我找了時間跟新單位的主管好好聊一聊，感覺拉近了彼此的距離。」

「下班回家去文具店逛一逛，發現了自己非常喜歡的筆！」

順帶一提，有研究數據指出新的習慣需要持續二十一天的練習才能養成，請你至少持續寫三週。不管寫在哪種地方都ＯＫ！

「早上搭上〇點的電車，轉乘過程非常順暢，感覺壓力變小了。」

「因出差到沒去過的地方繞了一圈散散步，有了新的發現。」

「跟最近剛認識的〇〇待在一起，感到非常放鬆。」

像這種感覺就代表你正在培養尋找意料之外的收穫。

持續「寫下三件好事」能讓你對每一天產生期待，漸漸塑造出「自己肯定會遇到好事發生」、「今天也過得好快樂」的心態。

再加上你養成立刻去做的「零秒行動」習慣，以向前衝的氣勢實現自我與邁向事業成功，就能打造出強運體質。

打造強運體質的「寫下三件好事」

下班回家途中
發現氣氛很棒的
居酒屋！

雨後的天空
掛著彷彿會出現在電影
裡的絢麗彩虹！

成功拿到
一直想嘗試的
企劃案！

◎寫在手帳或記事本裡
◎記在手機的備忘錄裡
◎在社群網站發表文章

寫在任何地方都OK！

前面提到那位煩惱工作的男性個案，他連續進行這項練習三個月後，改變了自己的觀點。

以前他接到困難的新案件會覺得「好辛苦」，現在卻越來越能樂在其中。

一分鐘自我肯定感！

寫下今天的「三件好事」

想要成為擁有強運的人，就寫下你在今天覺得「真是太好了」的三件事，培養對未來的期待。

運氣並非只是「偶然」

像這樣找出事物美好的一面，你也會有新的發現。

1 「只有自己」能將機會發揮得淋漓盡致！

2 壞事會變成「引起好事發生的契機」！

3 看似巧合的幸運，其實「並非偶然」！

因此，針對本節開頭的問題「該怎麼做才能受幸運之神眷顧」，我會回答「增加立刻去做的『零秒行動』經驗，改變你對幸運的看法」。

在本章，我會把焦點放在「觀點」上，說明如何具體改變思維模式。

2 深度解讀事物不同的意義

「一般都會這麼想對吧！」
「這種程度不是理所當然的嗎？怎麼會做不到！」
「用常識去思考也能明白。」
你在公事或私人的人際互動上有遇過這種令人氣憤的時候嗎？
「一般」、「理所當然」跟「常識」這些令人火大的詞彙，都跟當事人看待事物的角度有關。這種想法傾向「大多數人的看法肯定跟自己一樣」、「自己屬於多數派」。心理學稱這種心理為「錯誤共識」（False Consensus）。
你對照自己過去經驗，想著「就是這樣！」而認為其他人的想法也肯定跟你一樣。你完全沒考慮到自己跟他人的看法可能不一樣，自行做出假設。認為對方當然也會關注你所關心的事情。如果對方跟你關係越親密，這種錯誤共識效應就顯得越強烈。

事實上，無論是夫婦或親子，彼此的意見都會有所歧異。更不用說一起共事的同事，彼此之間的價值觀當然會不一樣。而錯誤共識效應程度越嚴重的人認知到這一點會大驚失色，出現類似本節開頭的反應。因為他們被自己想當然爾的觀點背叛，使情緒產生強烈動搖。

如果這時候對象是自己的下屬，這樣的人就有可能採取「展現優越感」的舉動。反過來說，假設這個人處於弱勢立場，就可能心想「我的意見很奇怪」，情緒顯得極度低落，甚至無法展開具體行動。

每個人看待事物都有自己的一套標準。面對同一件事，有的人可能會過度簡化、刻意淡化或曲解原意，替事物賦予不同的意義。而任何人會對各種解讀產生反應、發表意見或採取行動。

假如賦予事物意義的人是我們，那麼能去改變的也就唯有我們自己了。請先花一分鐘觀察自己賦予事物什麼樣的意義，再用另外的視角去解讀。我現在要介紹的應用技巧，對改善人際關係大有幫助。

一分鐘應用技巧 13

用「多重觀點」思考人際關係

你可以利用兩個訣竅跳脫錯誤共識的陷阱。

1 不管你對某個意見多麼有信心，仍舊要用「其他人可能不會這麼認為」的想法去加以檢視。

2 如果對方跟自己的關係越親密，你越需要留意自己是否抱持著獨斷的看法，每天觀察自己是否有錯誤共識的傾向。

「一般都會這麼想對吧！」

「我的『一般』跟他的看法不一樣啊。去問問看他是怎麼想的。」（**發現**）

「這種程度不是理所當然嗎？他怎麼會做不到！」

↓

「雖然我覺得這些工作量稀鬆平常，但對他而言或許並非如此。我可能有必要重新審視工作方式跟思考如何指派工作。」（**察覺**）

「用常識去思考也能明白吧！」

↓

「雖然我們結婚很久了，不過仔細想想，我們的出身地不同，習慣當然也有可能會不一樣。與其一個人鑽牛角尖發脾氣，還是先跟對方談談吧。」（**加強溝通**）

自己心中的標準，在對方眼裡看來未必相同。自己手上的地圖，跟對方所見的地圖樣貌也是不一樣的。當一個人自我肯定感不易動搖，就會習慣以不同的視角去看待一切，人際關係也會獲得驚人的改善效果。

一分鐘自我肯定感！

運用「多重觀點」思考

挑出一個你最堅持的「觀點」，試著思考大家可能會有其他哪些不一樣的看法。

3

「課題分離」能讓你更快做出決定

正經八百的人很容易掉進固定觀點的圈套裡。

假設你是某項專案的負責人。當初這項專案成立時就波折不斷，時程因此受到延宕。主管希望你能改善這項專案的現況，因而指派你中途參與該專案。於是你發揮自己所長，並跟其他成員建立起信賴關係，最後想盡辦法終於完成了專案。然而被延宕的時間已經無法挽回，專案晚了好幾個月才正式上線。不過，你卻得為這件事負起責任，向所有相關單位道歉。

由於時程是打從一開始就延誤了，責任其實並不在你身上。只是剛好專案上線時的負責人是你，所以表面上必須由你對外致歉。像這種情形，雖然你負有責任，但不需要太過自責。然而，觀點產生偏差的人往往無法看清事情的責任歸屬，不分青紅皂白不停地自我攻擊「都是我做得不夠好」，讓自己身心俱疲。

這種人困在「執著」裡，認為事情就該做得十全十美。如果當事人處在明白自己「有所執著」的階段倒還好，要是遇上挫折，這樣的人就會掉進攻擊自我人格的陷阱，一心想著「連這種事都做不到的我，實在是太沒用了」。

讓我們來區別什麼樣的責任「屬於自己」，什麼樣的責任「屬於他人」吧。負責任這件事，與自我人格完全是兩回事。希望你於公於私都能記住這一點。

一分鐘應用技巧 14

掌握判斷力的「責任管理技巧」

想要消除對事物產生的偏見，利用「課題分離」的責任管理技巧能發揮莫大功效。「課題分離」是阿爾弗雷德·阿德勒（Alfred Adler）提倡的心理學理論之一，能釐清自己與他人的責任所在，避免產生混淆。

舉例來說，我們可以思考前面所提到的「專案延宕問題」。請你參考第173頁的圖表。請你寫下遇到的問題，並且深入思考。接下來，再釐清問題的責任歸屬。

「為什麼專案時程會延宕？」→**責任在於上一個專案領導人。**

「為什麼被延宕的時間無法挽回？」→**責任在於專案團隊的所有成員。**

「專案結束後，誰應該向大家道歉？」→**責任在於專案完成時身為負責人的自己。**

「課題分離」的基礎來自於阿德勒心理學中「無須插手他人課題」的觀念。

阿德勒警惕世人，抉擇時太過迎合周圍的人事物就是放棄自己的人生。請你將重點改放在「採取自認最有幫助的行動」。

「自己想做什麼，不想做什麼」——自我肯定感高的人肯定能找出這兩個問題的答案。讓一切變得更簡單明瞭，你就擁有更快做出決定的能力。

一分鐘自我肯定感！

審視「課題分離」

一旦釐清「自己的課題」、「共同的課題」、「對方的課題」這三項內容，你就能更快做出決定。

責任管理的最佳工具「課題分離」

	課題① 想要提升業績	**課題②** 想跟伴侶共同分擔家務事
自己的責任	◆找時間跟主管討論，尋求意見。 ◆與團隊成員個別開會討論。 ◆參加講座。 	◆一週準備三天晚餐。 ◆每個月選定兩天休假日，跟伴侶一同外出。 
共同的責任	◆跟團隊成員思考共同目標。 ◆收集客戶的回饋意見。 	◆空出時間一起討論。 ◆詳細列出家事清單。 
第三者／對方／組織的責任	◆增加業務部同仁人數。 ◆設定下一次團隊的願景。 ◆編列組織預算。 	◆與伴侶討論加班時間。 ◆傍晚去幼稚園接小孩。 

4 挖掘別人的優點

其實一個人越成功，越會去信賴周遭的人，期待他們拿出好的表現。因為成功人士曉得就算一個人再怎麼優秀，能獨自發揮的能力仍舊有極限。對成功人士而言，不可或缺的就是讓同伴發揮所長，使事情發展得更加順利。

美國心理教育學家羅伯特・羅森塔爾（Robert Rosenthal）發現了兩種形成對比且令人玩味的心理效應。其中一個是「畢馬龍效應」（Pygmalion effect），另一個則是「格蘭效應」（Golem effect）。

畢馬龍效應是指「一個人受到他人期待，就會回應對方期望而採取行動」的心態。我想各位都有過類似經驗，當主管、後輩、客戶或家人對你表現出信任或期待的態度時，你會想要回應這份信任、希望回報期待你的人，而更加積極採取行動。這種原理就是來自畢馬龍效應，這個基本機制有關期待、行動與成果，如今也被廣泛應用在教育與商務方面。

而格蘭效應是指「沒有人期待自己，對自己毫不關心，因此拿不出幹勁，也無法發揮長才」的心態。你可能也有過類似的經驗。一旦被周遭的人輕視後，就會不太願意助人一臂之力，也不肯拿出原本應有的表現。

一分鐘應用技巧 15

「畢馬龍效應」的螺旋式成長

假設一個人對周遭的期望很低，在不知不覺間，這個人就會用格蘭效應的偏見去看待人際關係。

「你如何看待人際關係」

不期待周遭的人會提供幫助或支援。

認為周遭的人只會表現得比預期的還要差勁。

不再期待周遭的人會提供幫助或支援。

←

「周遭的人對你的評價」

感受到你並未對他們懷有期望，也不會尋求他們的幫助。

難以伸出援手。一到重要關頭很難主動開口幫忙。心理上的距離越來越遙遠，彼此的關係更形疏離。

若出現這種陷入負面循環的情形，特別是職場上的團隊，往往會帶來令人失望的結果。

如果想要改變現況，請你先從認同自己，也就是找出自己的優點開始。

如果你正眼看待自己的長處，能認同自己的話，你就能去認同他人的優點（認可他人的欲求）。如此一來，你就能漸漸發現周遭的人的長處。

這種循環能讓你改善人際關係，找回對周遭懷有期望的心態，因此能坦然接受他人伸出援手並道謝，而同伴又可以發揮更好的表現，這就是畢馬龍效應。

一分鐘自我肯定感！

讓人成長的「畢馬龍效應」

想要讓他人發揮長處，首先要從自己做起。每天花一分鐘思考「自己的優點」並加以稱讚，再把範圍擴大，也去稱讚其他人的長處。

從今天開始，請你花一分鐘認同自己。只要這麼做，無論你或是你周遭的人，都能離實現自我更近一步。

5

慶祝今年的進步

腦科學與心理學的研究結果顯示，日本人通常會以負面觀點去看待事物。

舉例來說，根據歐美人與日本人儲蓄習慣的研究調查結果，可以明顯看出兩者之間的差異，歐美人只會針對具體目的來做儲蓄，而日本人會抱持未雨綢繆的心態存錢。

一點一滴地儲蓄當然不是壞事。只是你若養成被憂慮將來的不安情緒追著跑的習慣，就容易掉進諸事不順的循環裡。

心理學有一種現象，叫做「自我應驗預言」。我想有運動嗜好的人應該有過類似經驗，當你比賽中犯下好幾次失誤後，就會覺得自己「今天好像不太走運」。之後的比賽你便會心煩意亂，導致失誤越來越多，比賽結果反而比你預想得還要糟。

這種現象就來自於自我應驗預言。

由於當事人的心思都放在眼前的失誤，認為自己不夠走運、做什麼事情都不順，而對自己的心靈下了自我暗示。原本發生失誤可能出自其他理由，卻因為你鑽牛角尖，心想「今天不太走運」、「今天諸事不順」，以致於無法集中注意力，表現水準也隨之下降。由於你強化了自我暗示，結果預言成真，所以便會心想「看吧～果然會這樣」。

自我應驗預言不僅表現在運動上，也會對工作、感情與讀書方面產生深刻影響。

「自從我調到別的單位，做起事來都不順利。」

「最近我老是看另一半的缺點不順眼。」

「模擬考的分數太爛了，害我沒辦法專心唸書。」

這些想法都是在對自己下自我暗示。對負面預感深信不疑，並持續蒐集相關證據，原本能順利的事情也會變得充滿阻礙。畢竟自己內心深處所相信的未來樣貌就是「我的不安預感果然成真了」。

一分鐘應用技巧 16

增加正能量的「年度日記」

遇到有這種情形的個案，我會建議對方寫下長度大約三行的「一年日記」。

- **當天印象最深刻的事情。**
- **開心的事情。**
- **感到煩惱或不安的事情。**

寫成條列式也沒關係。重點在於持續寫日記，讓你從中長期的角度去看事情。持續寫三個月，你就能漸漸擺脫充滿苦惱與不安的自我應驗預言。

我也有過類似經驗，一旦以中長期的角度去俯瞰一年前的自己，回顧當時帶著煎熬的心情寫下來的苦惱與不安，現在大部分都已經想不起來了。

當你發現觀點會隨著時間的推移而改變，就能從自我應驗預言的枷鎖中解脫。舉例來說，你過了一年後再回頭來看剛才所提到的這三種情形，看法可能也會有所改變。

「自從我調到新的單位，做起事來都不順利。」

→「待在新單位的磨合期讓我的技術更加進步了。這是一個很好的機會。」

「最近我老是看另一半的缺點不順眼。」

→「我們針對我在乎的地方進行討論，後來更加了解彼此的價值觀。」

「模擬考的分數太爛了，害我沒辦法專心唸書。」

→「先暫時停下腳步，思考自己當初為何決定要報名參加考試。不但可以釐清了自己的報考動機，剛好也能休息一下。」

改變看待事件的時間軸，你的觀點也會跟著產生改變。人一旦會被不安的情緒掌控後，自我肯定感會變得低迷，因此就會覺得自己「十分不幸」。只要每天花一分鐘改變自己的看法，就能輕鬆獲得自我肯定感。

一分鐘應用技巧 17

加速實現夢想的「四季筆記」

除了「年度日記」之外，我會推薦給每位個案的另一個小技巧，就是「四季筆記」，也可以說是「用四個字預祝未來的一年」。「預祝」的意思是「相信夢想會成真，事先給予祝福」。這代表你可以正面活用「自我應驗預言」的效果。

日本每年年底會發表「今年的漢字」，這個技巧就是它的「未來志向版」。從正面角度看待中期與長期的未來，你就能維持高度的自我肯定感。

在筆記本畫出縱向與橫向的線條，將頁面分為四等分，想像一年後的你會是什麼樣子，在每個空格分別寫下對應春天、夏天、秋天、冬天的一個字，順序依照當時你所處的季節開始寫就行。

請特別注意一點，寫字的時候你要盡情地想像當下的自己擁有自由自在的生活，不受任何拘束。接著，請你在下方用肯定的角度寫出選擇這個字的理由。例如：春天的字是「充」，你可以寫「轉職之後可能會變得很忙。不過我可以發揮自己的長處，把日子過得很充實。」這項練習只要花一分鐘就可以完成。

人的大腦在進行想像時，會不知不覺地開始朝這個方向運作。當你想像「未來一年的自己」時，就擁有自己決定的能力，做出決定、採取行動、評論自己、自行找出課題，並湧現思考對策的力量。

想要讓美夢成真，最重要的就是明白唯有自己才是人生的領導者。

一分鐘自我肯定感！

美夢成真的「四季筆記」

帶著雀躍的心情，在筆記本寫下「未來一年的四個字」。如此一來，大腦就會自行實現你的夢想。

加速實現自我理想的「四季筆記」

春
充
「充實」的每一天。
好像會變得很忙，
但可以發揮長處
讓我覺得很開心。
夏
獲
「獲得」的時刻。
看著企劃成功，
展現成果。
秋
輝
「閃耀光輝」的瞬間。
太好了！主管跟
團隊成員都認可
我的表現了！
冬
飛
「飛躍」的季節。
我接到難度
更高的專案，
即將往下一個
階段邁進。

6

描述理想，打造願景

自我肯定感高又受到周遭信賴的領導者，通常都擁有這項特點。當團隊要攜手合作為某個目標努力時，他們一定會向大家訴說理想，「為何要做」、「這麼做的目的是什麼」。

優秀的領導者會提及將來呈現的願景，以及想透過這份工作可實現的未來，規畫實際行動，並激勵參與的相關人士，而他所說出來的話語還能帶給其他人勇氣。

這是由於正面訊息能改變聽眾的觀點，讓聽眾的思維與領導者著眼的方向一致。這在心理學稱為「標籤效應」。

假設老師批評學生「你真沒用」、「成績吊車尾」、「不成材」、「沒上進心」、「性格陰沉」，聽到這些負面評價的學生會失去原有的活力，行為舉止越來越符合批評中所形容的樣子。

反過來說，如果指導者向對方描述足以令人提升動力的願景，表現出「我需要你的力量才能實現目標」、「你的貢獻將會影響團隊表現」等態度，對方就會願意盡自己最大的能力協助團隊。

一分鐘應用技巧 18

「標籤效應」可帶來鼓舞人心的最佳效果

有能力的領導者是能對周遭訴說理想，讓大家看到夢想的人。這項能力與領導者的性別沒有關係。願意傾聽你訴說理想的人，轉眼間就會成為你的同伴。

你可能會說：「我根本想不出能稱之為願景的事。」──這種時候，你只要向對方說一句鼓勵的話就行了。

「你真厲害。」

「你好出色。」

「做得很順利呢。」

「謝謝你願意聽我說。」

「多虧有〇〇在，企劃才能成功。」

「我覺得你剛才在會議的提案很不錯！」

每句鼓勵的話都能加強對方的自我尊重感和自我接納感，以及提升自我肯定感。請你把說鼓勵的話養成習慣，像是「一定要在早上先告訴對方」或「當一天的工作結束後傳達給對方」。你可以先從容易交談的對象開始，等你也能告訴聊不來的人激勵話語的時候，就表示你大有進步。

令人意外的是，有許多人明明曉得標籤效應能帶來成效，卻無法說出口。其實，你不需要長篇大論地鼓勵對方。只要說一兩句話就可以了。

最重要的是，你要替自己與周圍的人貼上「能鼓勵他人的人」與「願意鼓勵我的人」的標籤就可以了。

一分鐘應用技巧 19

鞏固彼此情誼的「小魚便條」

在水族館你會看到海豚表演秀。當訓練師培訓海豚時，並不會說「不可以做〇〇」。他們只會在海豚表現優秀時用口哨吹出暗號，餵給海豚含有獎賞、鼓勵與提升勇氣意義的小魚（魚餌）。

換作是我們人類的話，只要我們發揮長才，聽到別人的讚美與鼓勵，便可為自己帶來勇氣，並且擁有自信，認為「我是能幹的人！」、「維持自己的風格，就可以呈現好成果」。

培訓海豚的過程中，只要海豚學會了一項動作，訓練師就不會在海豚表演該項動作後給予小魚。只有等到下一次海豚學會新動作時，才能得到小魚。

如此一來，海豚就會曉得自己學會新動作時才可以得到小魚，而認為學習新動作「非常有樂趣」。這就是給海豚的「標籤效果」。

人雖然不是海豚，但可以活用這個方法去激勵別人，你可以每天在一張紙條寫下讚美、鼓勵、或能帶給他人勇氣的話，並將紙條送給某個人，它能帶來非常好的效果，這個方法叫做「小魚便條」。

這個小習慣只需要花一分鐘的時間，就能鞏固你與他人之間的情誼。

根據我過去進行心理輔導的經驗，凡是自我肯定感高的人，無論他們擔任何種工作，都有「善於讚美」、「擅長鼓勵他人」的特質。

一分鐘自我肯定感！

「小魚便條」能帶給對方幹勁

寫一張鼓勵的便條或寫封電子郵件給部下、同事或家人，一天傳達給一個人即可。

7

培養「做得比現在更好」的習慣

以前我曾舉辦過講座，主題是「改變習慣」。當時有一名三十多歲的女學員提出了這個疑問：「我下過好幾次決心要減重，卻老是半途而廢。」她的神情與語氣都十分認真。聽了這位學員的分享，我看得出她對減重的知識堪稱專業等級。不過她在講座中卻一直吃軟糖。

「雖然我想要減重，卻忍不住一直吃點心。」

「事前調查得很詳細，也具備不少知識，但會在半途感到挫敗。」

「明知道這件事非做不可，卻採取拐彎抹角的做法。」

行動經濟學稱這種現象為「現狀偏差」（Status quo bias），比起改變後能獲得的結果，人們更重視因改變而失去的事物。

說到減重，就是減少體重，讓身體變得更健康。長遠看來，這是良好的改變。培養良好的飲食習慣，不再攝取過多卡路里，養成規律的運動習慣，這些想法是很合理的。然而，為了往好的方向改變，必須跨出實踐的第一步。對人的大腦而言，改變至今養成的習慣是一種巨大壓力，所以我們才會明知道這件事非做不可，卻採取拐彎抹角的做法。

一分鐘應用技巧 20

讓想法化為行動的「若則計畫法」

那麼成功改變生活習慣的人是如何迴避這項特性的？

其實每個人都會思考「有沒有能做得更好的地方？」「有沒有能改善的部分？」不過，行動能否帶來良好的成效，關鍵在於你是否掌握了迴避人類特性的訣竅。

有一項技巧名為「若則計畫法」（If-then planning）。這個方法指的是「若發生X（if）就做Y（then）」，藉由明確決定執行方案，引導人們實際展開行動。經過心理學與腦科學等多項學術研究證實，這個技巧極為有效，能有效喚起人們的行動力。

「若則計畫法」的重點是可以應用在日常生活裡，並且能立刻實踐。

若你嘴上說著要減重，結果卻一直吃點心，可以把方案設定為「如果把點心放進嘴巴裡（if），就要做五下深蹲（then）。」

如果你想要每天慢跑或散步，就將計畫設定為「等我一回家（if），就立刻換上慢跑服並走向玄關（then）。」

如此一來，你的身體就會自動執行動作，不會去管「好想多吃一點」、「今天好睏」、「我想要慵懶地看網路上的影片」這些欲望。因為人的大腦容易對「如果遇到X情形，就執行Y計畫」的命令產生反應。

而且，最重要的是你運用「若則計畫法」避開大腦討厭變化的特性，累積「今天只吃一口點心就停下來了」、「我持續慢跑一週」等小小的成功體驗。

小小的成功體驗將會化為你的自信，讓你培養出新的行動習慣，帶來想要實現的成果。

一分鐘應用技巧 21

讓身心更加愉悅的「自我反饋筆記」

現在開始是重頭戲。這項能加速培養習慣的技巧名為「自我反饋筆記」。

近來歐美企業非常重視一項指標，就是員工的「敬業度」（Engagement）。敬業度可以解釋為「對工作的動力與對公司的熱忱」，尤其是在「高度動機」方面，強調員工要有自立自發的精神。

然而，日本企業的員工敬業度為全球最低，根據韜睿惠悅企業管理顧問公司的調查結果（二〇一四年全球調查）顯示，「起碼從二〇〇六年開始到二〇一三年為止，進行全球勞動力調查的國家中，日本連續保持最低分數的紀錄」。

不過，只要明白維持動力的技巧，就能解決這項問題。

接下來要介紹的自我反饋，是能「告知自己做過什麼樣的行動，藉此提升動力」的方法。重點共有三個。

1 不僅「讚美自己」，更要「尊敬自己」。

2 大力讚揚自己付諸的行動。

3 向自我「表達自己的意見」。

「等我一回家（if），就立刻換上慢跑服並走向玄關（then）。」（**若則計畫法**）

↓

「我完成慢跑真是了不起！下週日跟好友一起去露營的時候，我可以好好享受一番。」（**自我反饋**）

人類是非常單純的生物。開心的事情可以一直做下去，痛苦的事情則會收手不碰。所以要活用「舒暢感」、「快樂」、「喜悅」等開心的感受提升自己的動力。只要花一分鐘就可以提升自我肯定感，將想法付諸行動。

8 和能激勵你的人來往

人際關係良好的人因為相當清楚某一項人類特性，會慎選要跟哪些朋友或認識的人來往。這項特性就是任何人都會被身邊的人深深影響。親朋好友或走過長年婚姻歲月的夫婦之所以會有相似的價值觀，是因為彼此相處已久，而使得情緒與觀點越來越相近。

心理學稱這種特性為「情緒傳染」，藉由本世紀的研究調查，揭開了這個現象的神祕面紗。情緒傳染現象是指一個人受到身邊的人或新聞影響，改變了自己的情緒與觀點。當中尤屬負面感情與壓力的渲染力最強，就像抽菸一樣，菸味會飄散到周遭，讓身邊的人吸到二手菸。

舉例來說，加利福尼亞大學曾進行一項實驗，如果一個人身邊有令人煩躁的人，或是接連看了好幾則負面新聞，他的表情、說話口氣，甚至溝通方式都會變得相當消沉。

引起這種情緒傳染的原因，來自於名為鏡像神經元（Mirror neuron）的大腦神經細胞。透過鏡像神經元的運作，我們能體會並共感其他人的情緒。看到其他人疲憊的樣子，我們也會覺得疲累；聽到對方咂嘴，我們也會跟著產生不悅的情感。

一分鐘應用技巧 22

打造「全面自我肯定的小圈圈」

請你務必記住，情緒傳染也能產生正面情緒與帶來正面觀點。

如果你的身邊出現了可以帶來正面影響的人，請你積極地與對方進行互動。像是「性格直爽大方，為你帶來好心情的人」、「給予你指引，讓你能找出問題解答線索的人」，或是「擁有明確目標，能帶給你幹勁的人」等等。而你也可以向這位優秀的朋友看齊，讓自己成為一面鏡子，帶給對方正面影響。如果你身邊沒有合適的人選，請你大膽地嘗試加入新團體吧。

以前我曾遇過一位不願去學校上課的高中生個案。他讀國中與高中時都是籃球社社員，但社團內的人際關係讓他陷入苦惱，甚至無法去上學。因此我建議這位個案可以離開自己住的地區，去參加其他地區的業餘籃球隊。他在那裡找到了自己的一片天，認識的球友年齡層很廣泛，從同輩到五十幾歲都有。後來，他整個人顯得越來越朝氣蓬勃，也決定繼續就讀大學。

美國的亨利・高達德（Henry Goddard）博士曾以孩童為研究對象，進行了一項實驗。他將孩童分為兩組，在考試前對其中一組孩童說：「你的天資非常聰穎，今天的考試對你而言很簡單。」對另一組孩童則說：「今天的考試很難，你沒問題吧？」結果前者的成績表現比另一組優秀。研究結果證明，肯定與認可的話語能讓一個人有更好的表現。

請你鼓起勇氣，在交友時貫徹「不與不想相處的人來往」的原則，選擇能彼此激勵成長的友誼。

一分鐘自我肯定感！

拓展「全面肯定的小圈圈」

「能認同你，讓你有所成長的人是誰？」自行選擇想加入的團體，增加自己的選項吧。

9 專注在想做的事情上

「大家都是這麼說的。」

「因為主管叫我這麼做。」

如果某個人找藉口時拿其他人當主詞，這就是我在第一章介紹過的一種「自我設限」。

假使行動失敗了，這樣的人為了避免周遭批評自己「沒有用」、「拿不出成果」，就會事先拉起這道防線。話說回來，他們也會找理由替自己未採取行動的行為辯解。

說得嚴格一點，這些會找藉口的人證明了自己被「我沒有能力改變現況」的無力感所掌控。放棄了自我決定的權利，就會失去自我決定感。理所當然地，自我肯定感也會越來越低迷。

想要擺脫這種處境，最重要的就是專注於「自己」身上，而非「他人」。也就是說，將注意力集中在「我」想要做的事情。

「我想要處於什麼樣的狀態？」

「就算這百分之百是大家的判斷，還有什麼事情是我能做的？」

「即使錯在某個人身上，這種情形下我還能做出何種改變？」

你可以像這樣對自己拋出問題，不讓自己踩下行動的煞車。

一分鐘應用技巧 23

拿回人生主導權的「時間表」

「時間表」這項練習可以讓你實現自我理想。

練習內容是把「目前的自己」當成起點，想像「一年後」、「三年後」、「五年後」的你會是什麼樣子。你可以問問自己下列幾個問題，即使答案非常籠統也沒關係，請你盡情發揮想像力。

- **「〇年後，你希望自己變成什麼樣子？」**
- **「〇年後，你想實現什麼目標？」**
- **「〇年後，你想過著什麼樣的生活？」**

假設你現在為了工作與私人生活都忙得不可開交，沒辦法描繪出明確的時間表

（timeline），不過你卻對「無法思考往後的事情」、「未來大概不會有多大的改變」，而為此大受打擊，這些挫折感其實都是有意義的。因為代表你已經察覺到「現在就應該展開行動」。

除了以上的問題之外，你還要寫下自己未來的形象、具體化的願景，以及實現目標時會有什麼樣的心情。

一分鐘自我肯定感！

訂立規畫人生價值觀的「時間表」

想要營造穩固的人生，你可以想像「十年後的我會是什麼樣子？」

「一年後的自己已經開始經營副業。充滿興奮期待的心情。」

「三年後的自己辭去工作，自行創業。帶著不安與期盼的心情。」

「五年後的自己成立新事業，開設公司。相信自己一定會順利。」

想讓漫長的人生到最後都能活得既豐富又精彩，確立穩固的「自我價值觀」（也就是自己想怎麼做）是不可或缺的要素。

自行設定目標、找出課題，並加以實踐。然後，大方地給自己按讚。不用在意周遭人用什麼眼光看待你，因為只有你才能創造自己的人生。

10 讓「壓力」轉化為「助力」

你可能認為壓力會對精神造成負面影響，但它同時也是促使自我成長的必要動力。一個人試圖回應他人的期望時，便會超越自己的極限；意識到「自己沒有時間了」，便能集中精神並提升生產力。

感受到的壓力越大，也就代表一個人面對事情的態度有多麼認真。正因為這場競賽對你如此重要，你才會深陷苦惱。

有時候你可能會認為自己快被沉重的壓力給壓垮了。舉例來說，厚生勞動省（相當於台灣的衛生福利部）曾針對工作壓力進行調查，結果顯示「交期或工作期限太短，且必須在短時間內做出重大決定的工作」，以及「一個人負責的工作量非常大，且必須在規定時程內完成的工作」，這些情形帶來的壓力等同或大於長時間進行勞動，並容易引發憂鬱症或過勞自殺的現象。

事實上，人所感受到的壓力可大致分為兩種：自我期待帶來的壓力，以及意識到周遭期望所帶來的壓力。

「想在考試或工作獲得傑出表現的壓力。」——**自我期待的壓力**

「不想讓雙親與上司失望的壓力。」——**周遭期望的壓力**

一旦感受到後者的壓力，而且還沒有辦法找其他人談心事的時候，我們就會被逼到絕境，感到痛苦不已。

一分鐘應用技巧 24

讓壓力化為成長動力的「一分鐘自我對話」

舉例來說，會有人面臨「找不到能發出ＳＯＳ求救訊號的對象」的窘境。碰到這種情形，千萬別將自己的辛酸委屈壓在心底，請空出一段時間進行「自我對話」。一天只要撥出一分鐘，你可以靜靜地坐著，也可以在搭電車時進行這項練習。

做法相當簡單。請你先做個深呼吸。等心情平靜下來後，請你想想自己的「長處」與「能力」。

- **記憶力很好。**
- **擅長整理東西。**
- **能好好傾聽別人說的話。**

可以消化艱深的內容並加以說明。

個性穩重。

面對目前讓你感到有壓力的情形，請你從剛才想到的長處與能力中，挑出能用來處理目前處境的技能與狀況，並寫在紙上。藉由將注意力集中在自己的長處與具備的才能上，你就可以發覺自己擁有辦得到的能力。

現代管理學之父杜拉克曾說過：

「別試著去改變自己……更重要的是，你應該去精進自己最有成效的做事方式。別將時間浪費在不適合你的做法上。」

只要提升自我感定感，當你感受到壓力時，也能從中找出自己的某項長處，進而思考我能活用現有的能力去做什麼事。

一分鐘自我肯定感！

好好面對自己！一分鐘自我對話

靜靜地坐下來，想想自己能如何活用長處，如此就可以減輕壓力。

第五章

行動——
用「一分鐘習慣」
大幅提升人生品質

1

確保黃金睡眠時間

一個人的行動模式產生變化後，情緒與觀點也會跟著改變，進而提升自我肯定感，讓精神力往正面方向發展——這一點我也曾在第一章說明過。在這一章我會把重點放在採取實際的「行動」上，為各位介紹馬上就能實踐的技巧。

首先我要強調睡眠的重要性。有些讀者可能會感到疑惑。這一章的主題明明是「行動」，為什麼會突然提到睡眠？因為「睡眠」是能讓大腦調整到最佳狀態的唯一方式。睡眠能左右一個人的外在表現，也會直接影響自我肯定感的高低。由此可知，睡眠品質對睡眠本身的不安，以及低迷的自我肯定感，在精神層面上產生了相當巨大的影響。

美國的研究結果指出，相較於一般人，在社經地位上取得成功的人們，睡眠時間顯得更長。成功人士的平均睡眠時間約八小時，而其他人的平均睡眠時間大約只有六小時，兩者平均睡眠時間相差了兩個小時。

蘋果（Apple）的執行長，同時也是耐吉（Nike）的獨立董事的提姆・庫克（Tim Cook）曾公開表示「自己每天早上四點半起床」，他每天的睡眠時間也的確都有睡足七個小時。同樣以清晨四點半起床聞名的星巴克（Starbucks）創辦人霍華・舒茲（Howard Schultz），也在自己的著作中提倡八小時睡眠。像他們這樣的全球企業家比任何人都忙碌，然而，他們卻堅持確保足夠的睡眠時間，並且擺在優先順位。

約八成的人，睡足七至八小時就能恢復活力

若要說每個人都睡上七或八小時就夠了，事實上也不盡然。每個人讓大腦與身體恢復活力所需的睡眠時間都不一樣。首先你得知道自己的睡眠類型與生理時鐘（Circadian rhythm）。根據研究睡眠的結果顯示，我們所需的睡眠時間取決於遺傳基因，大致上可分為三大類型。

舉例來說，我是在整體中占少數的「短時間睡眠者」類型。每天只需要睡三到

四小時，我的精神就會很好。歷史名人拿破崙與愛迪生都是知名的短時間睡眠者。他們不會在晚間睡上一整段時間，而是養成了午睡的習慣。順帶一提，我在舉行講座與諮詢之間的空檔或是搭車途中，都會把握時間睡個短暫的午覺。我睡著的速度很快，快到會讓周遭的人大吃一驚。

另一種是跟「短時間睡眠者」同為少數派，是得睡上十小時才能恢復精神的「長時間睡眠者」。這些人一天中有將近一半的時間會待在床上，很容易被誤解成「懶散的人」。其實他們的體質需要花上長時間睡眠，才能舒緩疲勞。

不過，短時間睡眠者與長時間睡眠者的人數加起來，只占所有人口的兩成。八成以上的人都屬於睡七到八小時就能恢復精神的「一般時間睡眠者」。

重點不是在睡眠時間長與短，而是找出自己屬於哪種睡眠類型，確保自己睡得充足。

晚上十點至凌晨兩點是黃金睡眠時間

睡得充足的另一個重點是要配合生理時鐘入睡。

所謂的生理時鐘，是人們在文明發展前，依「日出而作、日落而息」的循環所培養出來的生活節奏。我們人體的所有機能會配合生理時鐘來正常運作。

舉例來說，下午五點左右是心臟等循環系統在一天中效率最好的時刻，人容易在這時候使出力氣；早上十點左右是人認知能力最好的時刻，適合做需要思考的事情。

雖然我們在日常生活中不會特別注意到生理時鐘的存在，不過若碰上出國旅行，生理時鐘容易紊亂，無法調整時差。當我們抵達當地或回國後，明明自己已經睡得很飽，卻還是會感到十分疲憊，原因就出在人的生理時鐘尚未調適過來，而讓身體機能無法正常運作。

雖然現代人的生活習慣不至於像適應時差那麼嚴重，但也越來越容易打亂原有的生理時鐘。像是一不小心就滑手機滑到半夜兩三點，或者值夜班讓生活日夜顛倒等等，由於我們並不是夜行性動物，生活節奏一旦亂掉，就會引發身心的不適症狀。

若想要避免這種情形，我們需要注意自己的生理時鐘，打造優質睡眠。最基本的方法就是早睡早起。能在晚上八九點就寢的人恐怕很少。因此我希望各位把重點擺在「黃金睡眠時間」。

具體而言，良好的睡眠品質取決於你能否在晚上十點到半夜兩點之間進入深層睡眠。因為人體會在這段時間分泌出生長激素。一聽到生長激素，各位可能會認為這是成長期才會分泌的激素。其實這種激素能修復受傷的細胞，還有恢復疲勞的效果，對成年人而言是不可或缺的賀爾蒙。若我們在黃金睡眠時間入睡，就可以恢復大腦疲勞，也有修復神經細胞的效果。

不管是短時間睡眠者、長時間睡眠者或一般時間睡眠者都適用這項原則，千萬不可忽略「在何時入睡」的重要性。

一分鐘應用技巧 25

改變人生表現的「一分鐘睡眠習慣」

在這裡介紹活用黃金時間的睡眠方法。舉例來說，如果你煩惱自己晚上總是睡不著，可以在上午去曬曬太陽，做一點溫和運動。讓你睡不著的原因之一，就是生理時鐘失調。想要調整生理時鐘，你需要增加體內的「血清素」。

血清素是與精神層面密切相關的神經傳導物質，可以調節壓力，讓人擺脫不安的情緒。如果想增加分泌血清素，你可以在起床後到早上十點之間去曬曬太陽，時間大約二十至三十分鐘，做點像是散步之類溫和的運動，效果會相當顯著。在飲食方面，多攝取肉類、魚類、豆漿或納豆等大豆製品，以及乳製品，這些食材裡所含的色胺酸，對分泌血清素很有幫助。

約翰．霍普金斯大學的腦神經科學家，同時也是睡眠專家的夏琳．嘉瑪多（Charlene Gamaldo）推薦人們睡前可以喝一杯熱牛奶或洋甘菊茶（洋甘菊中的類黃酮有助眠效果）。你可以培養睡前儀式，像在上床就寢前喝一杯「溫熱飲品」放鬆身心。這個動作花一分鐘就可以完成！

而在睡前一小時泡澡也能幫助你更快入眠。泡澡可以讓身體暖和起來，使體溫略微上升。等體溫慢慢降低後，你就會變得很想睡。在體溫下降的時候鑽進被窩或床鋪裡，自然而然就能輕鬆入睡。

話雖如此，當生理時鐘還沒調整過來時，你也沒辦法在當晚迎來一夜好眠吧。這種時候別灰心，請你躺下來好好放鬆。不必刻意想著自己要趕快入睡，先培養入睡的準備（睡前習慣）就好。

當我遇到個案提問「睡不著該怎麼辦」時，會回答：「不睡也沒關係吧？」「你可以躺著盡情思考你喜歡的事」、「躺上床之後就別去反省自己，也不要想明天的事！」所以請你徹底放下「我必須睡著」這個念頭，

一分鐘自我肯定感！

「一分鐘睡前習慣」讓你睡得香甜

睡前喝杯熱牛奶或洋甘菊茶讓身心放鬆。放下「必須睡著」的壓力。

即使難以入睡也無所謂。

有不少個案分享自己的經驗，他們放下一定要睡著的想法後，反而睡得十分香甜。只要你放下壓力，就有可能在鑽進被窩後於一分鐘內入睡。

如果白天覺得睡不飽，你可以養成一個習慣，找個空檔進行一次五分鐘的補眠。即使沒有真正睡著，光是閉上眼放鬆精神，也能充分恢復大腦疲勞。

2 好好放鬆身心

你有沒有過類似經驗呢？到了傍晚的時候，會毫無來由地感到不安，覺得整個人變得很消沉。這跟自律神經的運作有關。

交感神經與副交感神經若維持平衡狀態，自律神經就能正常調節。用車子來比喻，副交感神經擔任的角色就是煞車，在傍晚時分比較旺盛。雖然這是能放鬆身心的自然反應，但假使一個人在一天中累積了疲勞或其他壓力，情緒還是會變得不佳。

當然，如果在工作或人際關係方面發生了某些不愉快的事情，也會導致人的情緒更加低迷。不過，假使心情在特定時間或條件下會特別消沉，這是人類特性所引發的現象。

當你毫無來由地感到心情不好，這時候就該去熱鬧明亮的地方走走。這樣能活化交感神經，改善不安或消沉的情緒。

一分鐘應用技巧 26

有效消除疲勞的最佳「一分鐘按摩法」

相反地，若你每天都忙得不可開交，總是繃緊神經、睡不著覺……這時候採取活化副交感神經的措施會更具效果。我每天都會做的就是按摩肩胛骨周圍的肌肉。

自律神經從延髓、頸椎、腰骨一路延伸至薦骨。伸展自律神經中間的肩胛骨周圍肌肉，讓肌肉暖和起來，能促使副交感神經活化，讓人處於放鬆狀態。

具體做法是將注意力放在肩胛骨上，雙肩往前與後分別轉三秒。如果你有暖暖包，可以把它貼在肩胛骨中間。只要這麼做，身體就會自然而然地鬆弛下來。你也可以按壓內眼角凹陷處，以及揉一揉眉毛與眼瞼上方交界處，或者嚼一片口香糖分泌更多唾液，這些動作都能活化副交感神經。

特地空出一段放鬆精神的時間，你的創意也會源源不絕地湧現。因為副交感神經旺盛時的放鬆狀態能提升人的直覺。當你想集中精神時就活化交感神經，想尋求創意時就活化副交感神經，訣竅就是視情況靈活地運用這兩種方法。

若遇上苦苦思索仍找不到解答，或開了一場又一場會議也想不到因應對策的時候，此時你不該再沉浸於思考裡，可以轉念想著「嗯，算了」，暫時放下問題去外頭散散步、泡個澡，或小睡一下。

而生性認真、有完美主義，不習慣暫時放下手邊事物去轉換心情的人，請記得在自己的行程裡安排一段可以好好放鬆的時間也可以。

一分鐘自我肯定感！

最佳的「一分鐘身體按摩」

如果你覺得身體僵硬，可以轉動肩胛骨附近的肌肉，或是按壓內眼角凹陷處。這樣可以讓身心一瞬間變得更舒暢！

打開你的行程表，寫下自己會花很多時間做的事情，檢查這些事情是否真的那麼重要。找出不必做的事，還有能集中在短時間內做完的事，你就可以騰出一段空檔。

這段空檔不能再安排其他行程。請你刻意在這段時間好好放鬆。光是用一分鐘改變放鬆身體的方式，你就能提高自我肯定感。

3

與社群網站保持距離

社群網站如此貼近我們的生活，已經是無法切割的存在。

雖然我也在使用推特（Twitter）、ＩＧ（Instagram）、臉書（Facebook）等網站，而從中得到不少樂趣，但如果從自我感定感的角度去思考社群網站，的確有些令人擔心的地方。那就是大幅增加「與他人比較」的機會。

美國這幾年相當流行「ＦＯＭＯ」（Fear of Missing Out），也就是錯失恐懼症，形容人們因擔憂或恐懼而不停瀏覽社群網站的現象，這種人在拓展人際關係時也容易迷失了自我，引起不少討論。

「朋友們是否在自己不知情的時候聚在一起，玩得很嗨呢？」

「如果自己沒去○○曾造訪過的地點，可能會跟不上話題。」

「我的朋友們工作與生活都很充實，而我卻過著乏味的日子，這樣是不是太遜了？」

瀏覽社群網站的動態，看到那些朋友與認識的人，他們似乎都過著比自己更多采多姿的生活。當我們把重點擺在自己與他人之間的差異，不知不覺間便生起了比較心，而感受到焦慮與憤怒等不愉快的情緒，此時的自我肯定感也會跟著下降。

與他人比較會讓我們的自我肯定感產生動搖，我們的認同需求也會變得更加強烈，渴望得到周遭的認可。

每個人都會有認同需求，若自我肯定感越低迷，就越容易在乎別人的看法。遺憾的是，這個機制與社群網站搭配起來的效果特別顯著。

一分鐘應用技巧 27

把社群網站變成最佳自我實現工具的「專注技巧」

因為想獲得朋友與認識的人的認同，這種尋求精神慰藉的行為動機並非「因為有趣所以實踐」，而是「想要滿足認同需求」，所以無論怎麼做都沒辦法得到滿意的結果。

既然動機來自不安與焦慮的情緒，面對這樣的自己充滿無力感，就可能導致自我肯定感降低。

希望你在使用社群網站時也能留意一下，如果你的內心有著「我一定要獲得他人的認同！」或「我必須這麼做！」的想法，就該懷疑「我目前的自我肯定感可能偏低」。

你是否用好幾個社群網站的帳號，把自己弄得手忙腳亂呢？

在你心目中最重要的社群網站是哪一個？理由是什麼？

你想要用這些社群網站帳號做什麼？如何利用它才會讓你得到滿足感？

同時使用好幾個帳號會讓你浪費掉許多時間，也會提升拿自己與他人做比較的機率。不過，你不需要斷捨離所有帳號，只要替自己使用的社群網站列出優先順序就好。而順序的基準就是你能獲得多少充實感與滿足感。

別隨波逐流，為了維持人際關係加入社群網站，而是改從生活的實用性角度切入，把社群網站當成輔助自己的工具，「讓目的變得更明確」。

一分鐘自我肯定感！

善用社群網站來提升「專注技巧」

社群網站的使用方式會對你的自我肯定感產生強烈影響。你要訂下明確「目標」，把社群網站當成你的成長工具。

舉例來說，你可以利用ＩＧ搜尋照片，找出有賣美味午餐的店家，而不是把ＩＧ當成發表自己精彩生活的地方。你也可以在推特發文，貼出自己閱讀書籍時喜歡的佳句，把推特當成摘要工具。

思考如何利用社群網站，它就能成為你最佳的自我實現工具。

4

養成散步的習慣

以前我在進行心理輔導的時候，曾遇過一對夫婦直接在我面前吵起架來。

因為這對夫婦回答了我提出的問題，而發現對方不願意說出口的真心話。這是由於兩個人在家只會選擇默默地忍耐，反而現在更進一步了解到彼此對金錢的價值觀其實不一樣，生活習慣也不盡相同。不過，這對夫婦並不是特例，我曾經也目睹好幾對伴侶在現場大吵一架。

這時候我會任由當事人盡情發飆，在旁邊默默看著他們。接下來等他們將負面情緒發洩得差不多後，我會趁機開口說：「附近河岸的風景很不錯，你們要不要去走一走？」請他們兩位外出散散步。

如果是煩惱經營狀況不佳的個案，我會刻意選擇離諮商室有一段距離的車站前與學員碰面，再從車站繞到鄰近的神社或公園，先跟學員聊聊「梅花已經開了呢」

之類的話題，之後再傾聽對方訴說自己的狀況，這就是「散步訓練」。而且散步可以帶來三大卓越的效果。

①整合觀點，維持平衡

如果一個人的觀點失去平衡，就會容易以非黑即白的思考模式去看待事物。譬如：一犯小失誤就會產生負面想法，認為「自己怎麼那麼沒用」。或者老是看到伴侶的缺點，為對方貼上「百分之百都是他的錯」的標籤。「犯了小失誤」與「對方的缺點」只是一項事實，即使這些人事物明明有更美好的一面，人們仍會刻意選擇忽視。

散步可以調整這種不平衡的狀態。做個深呼吸，親近大自然能活化副交感神經。只要把焦點從自己的內心轉向外界，人的情緒也會漸漸平復下來，更能用客觀的角度看待事情。

②釋放壓力

根據神經科學與腦科學的報告顯示，散步十分鐘可以刺激大腦分泌賀爾蒙、血清素與多巴胺，提升幸福的感受，還能減少壓力賀爾蒙「皮質醇」。

③想出優秀的點子

神經科學研究指出散步可以促進大腦血液循環。它可以活化大腦的執行機能，這種機能可以讓人專注工作或應付突發狀況。如此一來，人在散步的時候會靈光乍現，想出頗具創意的點子。

一分鐘應用技巧 28

利用空間時間，瞬間增強自我肯定感的「走路習慣」

走路不會帶來任何壞處。散步不僅對健康與心理層面有正面影響，既簡單又方便，你不必花任何費用，就能整理自己的情緒與觀點。

- 平常總是騎腳踏車到車站，改成徒步前往。
- 清晨早起半小時，多留一點時間散步。
- 飼養小狗，讓牠成為你的散步好搭檔。
- 在辦公室之間移動不搭電梯，改走樓梯。

當然，你不需要把散步當成義務。像是覺得「今天天氣晴朗，心情很愉快！」把焦點放在戶外，並且去散散步，聚精會神地感受這份愉悅。不到一分鐘，你就能感受到自我肯定感提升了。

一分鐘自我肯定感！

利用空檔養成「行動習慣」

散步可以提振精神！一邊深呼吸，一邊大步走路。只要這麼做，就能提升自我肯定感。

5

多攝取能讓心情愉快的食物

我們吃進嘴裡的食物非常重要，它能促進不分晝夜、讓血液循環至全身的心臟與血管細胞生長，也支援掌管思考或情緒的大腦功能運作。

舉例來說，許多人都曉得若攝取太多鹽分與動物性脂肪對血管不好，而葡萄糖能補充大腦所需的能量。食物所帶來的營養能滋養你的身體與心靈。

我過去曾遇到繭居家中的個案，當時我做好便當拎到對方家裡，進行了「便當諮詢」。我先詢問個案的雙親：「他小時候，你們常做什麼樣的料理？」然後在便當裡裝滿他喜歡的菜色。

人在精神狀況惡化的時候，飲食習慣容易變得不正常。若不吃點有營養的食物，身體也會跟著垮掉，陷入惡性循環。更重要的是，用餐的喜悅會讓人體分泌三種賀爾蒙，為人帶來幸福的感覺。

- **血清素（Serotonin）：負責掌控情緒的重要賀爾蒙。**
- **多巴胺（Dopamine）：帶來動力與喜悅的賀爾蒙。**
- **催產素（Oxytocin）：降低壓力、帶來安心感的賀爾蒙。**

不僅是諮商，這也可以應用於生活層面。一個人如果習慣跟親近的人一同享用「讓身體喜悅」的美味餐點，就會提升幸福的感受。

一分鐘應用技巧 29

一流人士才知道的「提升正能量飲食法」

具體而言，什麼樣的菜單才算是「會讓身體喜悅的餐點」呢？雖然有各式各樣的飲食法，不過有大規模的追蹤調查結果顯示，「地中海飲食」在全球的成效最為卓越。

地中海飲食是指源自希臘及義大利南部等地中海沿岸地區的飲食型態，這種飲食法的特色如下：

◆ **多吃蔬菜。**

◆ **脂肪從橄欖油等優質油品裡攝取（少吃動物性油脂與沙拉油）。**

- **主要蛋白質從魚類中攝取。**
- **吃起司與優格。**
- **多吃雞肉。只吃一點牛肉與豬肉等紅肉。**

你不需要三餐都採取地中海飲食法。有時候你也會嘴饞想吃垃圾食物，這時候不要壓抑內心的欲望，去享受你喜愛的食物吧。不過請減少食用次數，一週頂多吃一次就好。

為了培養控制飲食的習慣，你可以寫下「飲食日記」，紀錄自己每一天吃下肚的食物。

花一分鐘在筆記上迅速寫下菜單內容，或者只要用智慧型手機拍下照片就好。一週回顧一次自己的飲食日記，回溯自己吃了哪些食物會有身心舒暢的感覺。只要持續寫一個月，你就能了解固定模式，找出最適合自己

一分鐘自我肯定感！

一流的「正能量飲食法」

用智慧型手機記錄吃過的食物！寫下「飲食日記」，讓自己越來越靠近最佳狀態。

的飲食習慣。

我過去曾輔導過上市公司的企業家、前日本職業足球員與一流商務人士，結果證明透過地中海飲食法，能增強自我肯定感，年收與業績也提升了一點五倍以上。

6

列出每日代辦事項，減輕大腦決策疲勞

你有每天會固定做的「例行事項」嗎？

丹麥哲學家索倫・齊克果（Søren Kierkegaard）每天的例行事項就是散步。據說他在散步時如果忽然靈光一閃，便會立刻飛也似地跑回家裡，不但忘了拿下帽子，也忘了要擺好拐杖與雨傘，就這樣站在書桌前面動筆寫下腦中想到的點子。以《老人與海》一書聞名於世的作家歐內斯特・海明威（Ernest Hemingway）在執筆期間，黎明時就會起床，盡可能早點開始寫稿。據說他是在這段不受任何人打擾的時間寫小說，並且會紀錄每天寫了多少字。

腦科學與心理學的研究結果證實，只要人專注去做自己決定好的例行事項或每日課題，能有效降低「決策疲勞」，避免大腦過度思考或影響情緒。

如此一來，人的「情緒、觀點、行動」金三角可以維持平衡並順暢運作，就能集中精神處理最重要的事。

一分鐘應用技巧 30

訂立穩固自我核心的「小原則」

你有每天一定會做的事情嗎？

請先寫下你每天會實行的習慣或例行事項。書寫時間是一分鐘。

我的情形是：

- **到外地出差住旅館時，早上起床一定會打開窗戶透透氣。**
- **早上起床後會沖澡、打掃、洗衣服，以及冥想。**
- **不吃早餐。**
- **在開店時間快要到之前，走到附近的咖啡店喝咖啡。**
- **在十點前統一回覆接洽窗口的信件。**
- **如果要在七天內挑戰自己不擅長做的事，會在該行程的前後安排自己喜歡或**

做了會開心的事。
午餐會吃比較多，而且菜單一定有蔬菜與水果。
晚餐吃得比較少（八分飽）。

實際寫下自己的例行事項後，我發現項目比想像中的還要多。這些就是我「一定會實行」的規則。

像這樣增加「小小的習慣」或「簡單的例行事項」，每天持續加以實踐，就能提升自我肯定感，也能促進心靈健康。實際上，醫學期刊《刺胳針精神病學》（*The Lancet Psychiatry*）刊載的論文也提到，白天實行例行事項能增強晚上的睡眠品質。

舉例來說，如果一個人有每天步行到車站的習慣，他可以將習慣內容改成「每週改變行走路線」。你也可以養成「每天搭電車通勤的時候，試著移動至不同車廂」的習慣。藉由不一樣的高度看到不同的景色，能為大腦帶來小小的刺激。

此外，你也可以在休假的固定時間打掃家裡，或規定週日天氣晴朗的話就洗衣服。維持乾淨整潔的環境可讓你獲得小小的成就感，也會因此漸漸提升自我肯定感。

設下許多慣例或例行事項可能會讓你覺得做起來很累，其實一旦養成習慣後，實行起來幾乎不會覺得疲倦。道理就和人只要學會怎麼騎腳踏車，自然而然就會騎得上手是一樣的。

養成慣例與例行事項也是同樣的道理，它能讓你對每天的生活感到安定與放心，增加你的創造力。

一分鐘自我肯定感！

將日常生活的活動「習慣化」！

在每天固定時間實行你該做的事情，「自動化程序」能快速提升你的自我肯定感。

7 實行日行一善

我住在商務旅館時，退房前一定會記得做一件事情，那就是打掃。我會把房間打掃得比入住時還要乾淨，並留下一張寫著「謝謝您」的小卡給房務人員，再離開房間。

把洗臉盆與鏡子刷得乾乾淨淨，從中獲得身心舒暢的感受，這種行為完全是自我滿足。不過這樣的舒暢感是有科學根據的。心理學中經常進行有關「善意行為」的研究，結果證實善意行為能帶來下列效果：

- **提升幸福感。**
- **改善失眠。**
- **維持賀爾蒙平衡。**

不再為時間焦慮。
獲得自信。

由加利福尼亞大學主導，實際於企業進行的實驗結果也發現，對同事表達善意的員工會提升對工作的滿意度，也會降低不安的情緒。而接受到善意的同事也會對其他同仁表達親切的舉止。無論是表達善意或接受善意的人，兩者都可提升了對工作的自信心。這正是俗諺說的：「好心有好報。」

史丹佛大學心理學家賈米爾．薩奇曾寫下這句話：「善意行為會影響旁觀者的大腦，提振他們的心情，並讓他們『傳播善意出去』。」所謂「傳播善意出去」，指的是一個人受到某人幫助後，轉而向其他人表達這份善意。重點在於這個舉動並非「報恩」，而是「分享」。

如果有人在你情緒低落的時候體貼地對待你，你也會在其他時機對其他同樣處於困境的人表達善意。透過你的親切舉止，善意的種子得以開花結果。

一分鐘應用技巧 31

善意綜效「隨機行善」

在美國流行一種傳遞親切的正向力量的活動，名叫「隨機行善」（Random act of kindness）。這項活動的發起人是加利福尼亞的一位編輯安・赫伯特（Anne Herbert）。活動內容是參與者可自行設定規則，隨機挑選某個人，向對方表達善意。

- **今天要向三位朋友、認識的人或家人傳達感謝之意。**
- **傳送讚美或肯定的正面訊息給五位同事。**
- **對咖啡店或超商的收銀員說「謝謝」。**
- **在智慧型手機上分別設定三個白天會響起的鬧鐘。當鬧鐘一響，就對某個人表達善意的舉動。**

記住你每天會遇到的人的名字，例如：辦公室保全、職場的工作人員或公車司機。叫出他們的名字，打聲招呼表達感謝。

我會隨身帶著便條紙與明信片，寫下「感謝之意」之後，送給在工作上關照過我的人。由於只是「一則簡短訊息」，對雙方都毫無壓力。

各位也可以試著實踐一兩個「自己辦得到」的行動。然後在手帳寫下紀錄，看看自己行動後的心情產生了什麼樣的變化。你應該能感受得到善意帶來的力量。

一分鐘自我肯定感！

傳遞正能量的「隨機行善」

比方說，你可以在超商拿回找零時，看著店員的眼睛說一聲「謝謝」。

8 保持求知若渴的心態

你最近有挑戰「學習」什麼新事物嗎？當然，閱讀本書也是一種新學習。長大成人以後，我們學習新事物的機會就越來越少了。

由於每天忙於工作、育兒和照顧家人，能自由運用的時間跟著減少，你的精力都用來處理眼前的雜務，自然不會去想：「我要學習新東西！」不過，現在不管你是幾歲，「學習」這個舉動本身都有其意義。

過去曾有一項實驗，內容是集合一群中高年男女，讓他們花幾個月學習一項課程，種類包含「合唱」、「美術」、「文藝」、「語言學」、「作曲」或「IT技能」。課程結束後，研究者確認學員們的狀態，發現這項實驗帶來了下列效果：

不管學習哪一種課程，學員都大幅提升了「人生滿意度」。

大多數學員皆提升了自我肯定感。

學員增強了認知掌控機能，能訂立目標與計畫，並加以實行。

學員的短期記憶、長期記憶都有顯著提升。

不光是學習新知識帶來的刺激，在教室認識新同學、建立新的人際關係，也為大腦機能帶來了巨大影響。

「為了拿到工作所需的證照」「想要磨練商務技巧」，你不必將學習範圍限制在非學不可的領域，跟隨自己的好奇心，去參加新的團體吧。無往不利的人會想辦法騰出時間學習新事物。

因為這些人知道，他們能得到的報酬比自己先前所投注的時間還要豐厚。學習不但可以增進知識與教養，還能拓展人際關係，增加行動次數，看待事物的觀點也會越來越靈活。

我建議各位在二三十歲的時候，與其努力存錢，不如拿一些金錢用來投資自己，去學一些新事物。對知識的研究心與好奇心可以讓你漸漸累積經驗，最後往往能成為你的長處。

一分鐘應用技巧 32

提升動力的「WOOP思考法」

有不少人會認為即使自己想學點東西，但最終沒有幹勁與動力持續精進下去。

我推薦各位可以利用「WOOP思考法」。這是美國心理學家賈布里歐·歐廷珍（Gabriele Oettingen）博士將二十年來的研究成果化為系統性的做法，讓人們能藉此更順利地達成目標。

「WOOP」是取自「願望」（Wish）、「結果」（Outcome）、「障礙」（Obstacle）和「計畫」（Plan）這四個詞的第一個英文字母。這個思考法的特徵是在事前仔細分析「障礙」，也就是會阻礙人們邁向成功的因素。歐廷珍博士表示，這四個步驟能提升目標達成率。

我現在向各位說明具體的應用方式。先舉各位都很熟悉的「閱讀」作為範例。

第一步：「願望」（Wish），寫下自己想達成的目標。

請注意別把目標設得太困難。假設你立下雄心壯志，想要「一天讀一本書」，最後往往會淪為口號而已。請你訂下有點難度，但只要努力就能達成的任務。以閱讀為例，可以把目標設為「一週讀一本書」。

第二步：「結果」（Outcome），寫下當你完成目標時，會得到什麼樣的好處。

例如：「一個月讀四本書，一年就能讀四十八本書，增加許多知識」、「透過閱讀認識更多新朋友」、「增進閱讀能力」、「拓展對知識的好奇心」。

第三步：「障礙」（Obstacle），想像你會在何種情況下感到灰心氣餒？什麼原因會阻礙你閱讀？把狀況假設得越具體越好。

像是「平日工作已經很累了，根本不想打開書」、「在書店買了太多書，到現在還沒看，沒有閱讀的動力」。

第四步：「計畫」（Plan），事前擬定一套計畫，當你遇上阻礙時，該怎麼做才能克服或避免障礙。

像是「如果工作後不想讀書，那就提早一小時起床，在清晨騰出一段閱讀時間」、「規定一個月的購書額度」、「讀完一本書之後，可以看一本漫畫放鬆心情，為閱讀增加彈性」、「將自己讀完書的內容分享到社群網站，認識新的閱讀同好」。

「WOOP思考法」不僅可以用在閱讀，還能應用於所有可能淪為三分鐘熱度的「學習」上。吸收自己沒學過的新知識，擁有專業知識，進而能提升自我肯定感。尤其是自己感興趣的事物，不但能持之以恆地學習，甚至可多學了一項「長處」，如此一來，看待事物的觀點也能往正面發展。

正因為我們現在處於上網搜尋就能立刻找到答案的時代，只要勤奮學習，磨練自己的見識與教養，這些知識能為你帶來莫大的價值。

我們該好好問自己的問題不是「要不要學習？」而是「要不要一直學下去？」

一分鐘自我肯定感！

加速學習的「WOOP 思考法」

想學新東西，訣竅就是「降低難度」。將目標設為一週讀一本書看看。

9 隨時保持正念

近年來「冥想」與「正念」引起一番熱烈討論。由於腦部攝影與解析的技術越來越發達，美國心理學家理查・戴維森（Richard Davidson）與他的研究團隊經由分析證實，冥想有下列科學層面的成效。

- **提升專注力、生產力。**
- **降低壓力。**
- **提升認知機能。**
- **改善掌控情緒的機能。**
- **舒緩不安與憂鬱症狀。**

我們的生活從起床到就寢，會接收到大量的資訊。雖然我們平常不會特別留意，但處理每一項接收到的資訊都會讓大腦消耗許多精力。

原本睡眠能令大腦緩解疲勞，處理許多資訊的大腦會像駕駛的車子一樣怠速熄火，進入「預設模式網路」（Default Mode Network，簡稱DMN）的活動狀態（請見第137頁）。而這其實就是明明人已經睡飽了，卻絲毫沒有神清氣爽感覺的原因之一。

冥想能抑制DMN活動狀態，減少人們倍感壓力時會分泌的賀爾蒙「皮質醇」，並增加帶給人們幸福感的賀爾蒙「催產素」。

一分鐘應用技巧 33

一分鐘消除大腦疲勞的「冥想×自我肯定感」

你不需要滿足複雜的條件或備齊道具才能開始冥想。我要向各位介紹維持正確呼吸節奏，讓人深深放鬆身心的「中島式正念冥想法」。

只要站著做一分鐘就好。請你跟著做以下三個步驟。

第一步：將注意力集中在腹部。

一邊注意自己的呼吸吐納，一邊將手心放在丹田（肚臍下方，集中全身氣的部位），用意識感受這個位置。慢慢地吸入空氣，再輕柔地緩緩吐氣。

第二步：雙腳打開，與肩同寬。

腳掌穩穩地踩住地面，想像地球的模樣。接著從鼻腔深深地吸一口氣。

第三步：慢慢地按摩腹部，把肚子裡的空氣全吐出來。

這個步驟每天至少要做一次，無論是碰上讓你情緒起伏變大的狀況，或是白天任何時刻都能實行。

一分鐘自我肯定感！

神清氣爽的「冥想法」

當你心神不寧的時候，先深深吸氣再緩緩吐氣，持續做一分鐘，你就能提升自我肯定感。

只要連續實行兩週，你的身體、情緒、思考與呼吸都能平靜下來。冥想對強化精神有非常好的效果。它能讓大腦舒緩疲勞，集中精神，還可以提升自我肯定感。

美國避險基金「橋水基金」（Bridgewater Associates）執行長雷．達里歐（Ray Dalio）與「賽富時」（Salesforce.com）創辦人馬克．貝尼奧夫（Marc Benioff）等企

業界頗負盛名的人士也都是冥想的愛好者。他們透過冥想，而能擁有一顆「強大又柔軟的心」。

結語 想提升自我肯定感，現在我們能做什麼？

本書介紹了許多應用技巧，只要花「短短一分鐘」的時間就能提升自我肯定感。這些方法具備一想到就能立刻實踐，並可以親身體會成效的「即效性」，同時我也希望你能記住一件事。

無論你的夢想與成功目標有多麼遠大，都必須持續累積這小小的「一分鐘練習」才能實現。

美國暢銷書《原子習慣》作者詹姆斯．克利爾（James Clear）曾說：「你在平凡無奇的生活所做之事，將會讓你迎來無人能及成就的奇蹟之日。」如此描述那些獲得龐大成果的人。沒錯，不管是在人生中獲得何種偌大成功的人，他們都會把日常生活中細微努力帶來的「小小成果」當成邁向目標的墊腳石。

舉例來說，他們絕不會忽略自己具備的任何「正面特質」，像是「自己擅長教導其他人」、「能看出一般人沒留意到的細節」，或是「很會具體分析數字」。你需要不斷累積努力與經驗，突破自我的極限，才能明白「自己的長處」在哪裡。再加上本書所介紹的「一分鐘應用技巧」，你更能善用自己的優點。

我曾經替許多個案進行輔導，從這些經驗中深刻領悟到一件事。不管在哪個領域開花結果的人，他們無論何時都能「具體」說出自己該做哪些事情，而諸事不順的人所看到的未來幾乎都相當「抽象」。諸事不順的人會籠統地說「好想減肥」而不行動；無往不利的人會具體採行「晚餐不吃碳水化合物」的行動。

本書已經向各位詳細地介紹許多保持高度自我肯定感的應用技巧。此外，史丹佛大學心理學家卡蘿·杜維克（Carol S. Dweck）也曾寫下這番話：「雖然每個人有不一樣的才能、天賦、興趣與資質，但心中懷著只要累積努力與經驗，往後就能展現開花結果的信念——你未來的人生將會迎來巨大改變。」

諸事無法盡如人意，正因為如此，若你能堅持不懈地努力下去，這便是影響人生的關鍵。所以，接下來的「一分鐘」，你打算怎麼做呢？

自我肯定感權威　中島輝

人生顧問 424

給自己按讚：1分鐘提升自我肯定感的33個技巧

作者—中島輝
譯者—藤紫
主編—郭香君
責任編輯—龍穎慧
責任企畫—張瑋之
視覺設計—葉馥儀
內頁排版—新鑫電腦排版工作室

編輯總監—蘇清霖
董事長—趙政岷
出版者—時報文化出版企業股份有限公司
108019台北市和平西路三段二四〇號四樓
發行專線—（〇二）二三〇六—六八四二
讀者服務專線—〇八〇〇—二三一—七〇五
（〇二）二三〇四—七一〇三
讀者服務傳真—（〇二）二三〇四—六八五八
郵撥—一九三四四七二四 時報文化出版公司
信箱—10899臺北華江橋郵局第九九信箱
時報悅讀網—http://www.readingtimes.com.tw
綠活線臉書—https://www.facebook.com/readingtimesgreenlife
法律顧問—理律法律事務所 陳長文律師、李念祖律師
印刷—勁達印刷有限公司
初版一刷—二〇二一年六月十八日
定價—新臺幣三六〇元

時報文化出版公司成立於一九七五年，
並於一九九九年股票上櫃公開發行，於二〇〇八年脫離中時集團非屬旺中，
以「尊重智慧與創意的文化事業」為信念。

給自己按讚：1分鐘提升自我肯定感的33個技巧 / 中島輝 著；藤紫 譯.
-- 初版. -- 臺北市：時報文化出版企業股份有限公司, 2021.06
面； 公分. --（人生顧問；424）

譯自：1分自己肯定感 一瞬でメンタルが強くなる33のメソッド

ISBN 978-957-13-9077-2（平裝）

1. 自我肯定 2. 自我實現

177.2 110008438

ISBN 978-957-13-9077-2
Printed in Taiwan